창녕성씨 성급부부 합장묘 출토복식

Relics excavated from the Tomb of Seong Geup (Chang-nyeong clan) and His Wife

昌寧成氏 成汲 出土服飾

석주선기념박물관 편
단국대학교출판부

일러두기

1. 이 책은 단국대학교 석주선기념박물관 민속·복식 분야 제40회 특별전(2021.05.14.~06.11)의 결과물입니다.
2. 도판과 실측도의 순서는 유물 번호순으로 구성하였습니다.
3. 유물의 크기는 cm 단위로 하였습니다.

목차

CONTENTS

발 간 사

FOREWORD

코비드19의 대유행으로 유난히도 팍팍한 삶이 계속되는 2021년 5월. 올해로 40회를 맞이하는 단국대학교 석주선기념박물관 민속복식 분야의 특별전은 "순학옹(馴鶴翁)을 염(殮)하다.- 창녕성씨(昌寧成氏) 성급(成汲) 묘 출토 유물" 전으로 준비했습니다.

특별전의 주인공인 성급(成汲, 1553~1621)은 군자감(軍資監)의 주부(主簿, 종 6품)를 지낸 인물로, 스스로를 순학옹(馴鶴翁)이라 부르며 학을 키워 생계를 삼았습니다. 그는 성리학의 대가인 우계(牛溪) 성혼(成渾, 1535~1598)과는 사촌지간입니다. 뿐만 아니라 우리 박물관에 소장된 국가민속문화재 제243호 복식의 주인인 이언충(李彦沖, 1524~1582)과는 매제지간인 명망 있는 가문의 자손입니다.

이 도서에는 2005년 경기도 파주에 있는 창녕성씨 성급과 부인 평창이씨(平昌李氏, 17세기 초 추정) 합장묘에서 출토된 1600년대 양반가의 복식과 염습례 과정의 연구 성과를 수록하였습니다. 특히 60점으로 정리된 성급 묘의 출토유물은 발굴업의 초기 작업부터 복식 전문가가 참여해 염습의(殮襲衣)의 전 과정을 기록했기에, 17세기에 시행되었던 염습례 과정을 생생하게 확인할 수 있습니다. 이외에도 전시에 소개되지 않은 부인 평창이씨의 유물 8점을 함께 수록하였습니다.

성급 선생의 귀중한 자료가 우리 박물관에 소장되고 특별전이 개최되기까지에는 유물의 출토 현장을 소개해 주신 김우림 관장(前 서울역사박물관), 수습을 이끌었던 박성실 교수(前 단국대학교)와 연구진, 그리고 유물을 기증해 주신 창녕성씨 문중의 결단이 있었기에 가능하였습니다.

이번 전시회를 위해 예산을 지원해 주신 학교 당국과 한백·국방·한성문화재연구원에 감사함을 전합니다. 더불어 귀중한 유물을 기증하여 주신 창녕성씨 부정공파 문중께 진심으로 감사드립니다. 마지막으로 오랜 시간 보존 처리를 시작으로 특별전의 개최와 연구 보고서가 나오기까지 수고를 아끼지 않은 박물관 학예사 선생님들과 대학원 전통의상학과 동문 여러분들께 감사한 마음을 전합니다.

단국대학교 석주선기념박물관장
박경식

This book illustrates the research results of the 40th special exhibition on traditional clothing of the Dankook University Seok Juseon Memorial Museum, "Shrouding attire for burial rites of Sun-hak(pseudonym) Seong Geup"

Seong Geup held a post as a lower ranking government official of the sixth rank during the Joseon Dynasty period. He is well known as the cousin of Wu-gye Seong Hon, famed master of Neo-Confucianism, and entitled himself his own pseudonym, Sun-hak, which means "to foster cranes", thus committing to taming cranes for a lifetime.

This book contains 60 pieces of artifacts excavated from the tomb of Seong Geup and 8 pieces from his wife, Yi of Pyeong-chang's, found in Paju, Gyeonggi province, year 2005. The artifacts are a representative of the shrouding attire of the 1600s thanks to the active guidance from a garment specialist in regards to shrouding practices(the process of clothing the corpse) during the early stages of the excavation.

We send our gratitude to the curating team of the museum whose diligent work on the preservation process and exhibition enabled these valuable resources to be part of the collection. And finally we give our thanks to Mun Joong (of Chang-nyeong clan) who generously contributed to us the precious artifacts.

Director Seok Juseon Memorial Museum
Park Kyoung Shik

성급의 생과사

The Life and Death of Seong Geup

生死

仙禽逸翮在雲天

높은 하늘에 초연히 나는 신선의 새를

翁也能馴便是仙

노옹이 능히 길들이니 바로 신선이로세

吾欲借翁騎一日

내가 노옹에게 학을 하루 빌려서 타고

暫時飛上閬風巓

잠시 날아서 낭풍 꼭대기에 오르고파라

월사(月沙) 이정귀(李廷龜, 1564~1635) 문집 글 중에서
月沙先生集(1688) 卷之八, 庚申朝天錄 下
(서울대학교 규장각한국학연구원, 古3428-30)

오호석 단국대학교 석주선기념박물관

1. 서론

2005년 경기 파주시 파주읍 향양리에 있던 창녕성씨(昌寧成氏) 묘역 중 일부가 산업단지로 편입되면서 성급(成汲, 1553~1621)과 배위 평창이씨(平昌李氏)의 분묘가 이장되었다. 이 과정에서 많은 수의가 단국대학교 석주선기념박물관 조사팀에 의해 수습되었다.[1] 묘주인 성급은 무덤에서 출토된 명정에 따르면 "선무랑군자감주부성공(宣務郞軍資監主簿成公)"[2]으로 기록되어 있다. 그동안 성급은 우계(牛溪) 성혼(成渾, 1535~1598)의 사촌으로만 알려져 있었을 뿐, 자세한 생애는 알려지지 않은 인물이다. 다만, 동시대의 문인들이 남긴 시문(詩文)에 그의 호가 순학옹(馴鶴翁)이며, 학을 키워 생계를 삼았던 인물로 그려지고 있는 점은 매우 주목된다.

조선시대 순학(馴鶴) 또는 양학(養鶴)은 종친(宗親)뿐만 아니라 사대부, 향촌 사족(士族) 등에 의해 전국 각지에서 이루어졌는데, 이는 학에 대한 남다른 의미가 있었기 때문이었다.

이글에서는 성급의 가계를 살펴보고 문헌기록을 살펴 성급의 생애를 추정해보고자 한다. 그리고 조선시대 학을 길렀던 사례와 그 의미를 통해 성급의 삶을 간략하게나마 조명하고자 한다.

2. 가계

성급은 중윤공(中尹公) 성인보(成仁補)를 1세 시조(始祖)로 하는 창녕성씨의 12세손이다. 『창녕성씨사숙공파보(昌寧成氏思肅公派譜)』에 따르면, 성급은 사숙공 세순(世純)의 4자인 수영(守瑛)의 맏아들로 태어났다. 할아버지 성세순(1463~1514)은 1492년(성종23) 식년 문과에 갑과로 급제하여 한성부참군을 거쳐 세자시강원사서(世子侍講院司書)를 거쳐 1497년(연산군 3)에 홍문관교리가 되었고, 이후 동부승지, 대사간, 우승지, 대사성 등을 역임하였으며, 1505년 전라도 관찰사, 호조참판에 임명되었고, 1506년 명나라에 성절사(聖節使)로 다녀왔다. 중종이 즉위한 후에는 한성부좌윤, 이조참판, 대사헌 등을 역임하는 등 관직을 두루 거쳤다. 성세순은 용모가 단정하고 진중하며 사람을 접대함에 있어 진실한 인물이었는데, 그가 죽자 김안국(金安國)은 조정에서 양좌(良佐)를 잃었다고 탄식하였다고 한다. 그의 의시(議諡)에 따르면, 천성이 날카로와 일을 당함에 과감히 결단하였고, 포부가 높아서 쌓은 식견이 많았으며, 약간의 허물은 있었으나, 일을 처리함에는 능한 인물이었다. 그가 죽자 왕은 주강·석강을 정지하게 하였으며, 시법(諡法)에 이르기를, 전의 허물을 뉘우친 것을 사(思)라 하고, 마음을 지켜 결단하는 것을 숙(肅)이라 한다고 하였다.[3]

성세순은 강화부사 김극니(金克怩)의 딸인 부인과의 사이에 모두 4명의 아들이 있었는데, 첫째는 참봉 성수근(成守瑾),

1) 단국대학교 석주선기념박물관, 『경기도 파주시 파주읍 향양리 출토 창녕성씨 성급 부부 묘 출토 보고서』, 2005.

2) 선무랑(宣務郎)은 조선 건국 직후인 1392년(태조 1) 7월에 종6품의 문산계의 하계에 해당한다. 종6품 문산계의 상계는 선교랑(宣敎郎)이다. 선무랑과 무산계 병절교위(秉節校尉) 이상을 조회(朝會)에 참여할 수 있다고 하여 참상관이라 하였다.

3) 『중종실록(中宗實錄)』 19, 중종 9년(1514) 1월 27일 신묘, 「대사헌 성세순의 졸기」.

둘째는 성수침(成守琛, 1493~1564), 셋째가 성수종(成守琮), 넷째가 성수영(成守瑛)이다.

성급의 아버지 성수영은 그 이력에 대해 자세히 알 수 없지만, 효심이 매우 깊은 인물이었다. 성수영은 중종 38년(1543)에 덕산현감(德山縣監)에 부임하였다. 이때 형 성수침이 파주에서 모친을 봉양하고 있었는데, 모친이 와병에 멀리 부임할 수 없다는 이유로 이듬해 파주 집으로부터 15리 떨어진 적성으로 전출을 요청하였으며, 관직에서 물러나자 파주 계상촌(溪上村)으로 가서 형 성수침과 함께 어머니를 모셨다.[4]

한편, 성수영은 조광조(趙光祖)의 문하에서 공부한 조선 초·중기의 문신이자 서예가인 이문건(李文楗, 1494~1567)과 매우 가까웠음을 알 수 있는데, 1537년 4월에는 이문건을 초대하였으며, 5월에는 그를 찾아 바둑을 두기도 하였다.[5]

성급의 둘째 큰아버지가 되는 성수침은 조광조에게서 수학하였으며, 1519년(중종 14)에 현량과에 천거되었으나, 기묘사화에 버슬을 단념하고 청송(聽松)이라는 편액을 내걸고 두문불출하였다고 한다. 1541년에는 유일(遺逸)로 참봉, 적성현감 등에 임명되었으나 모두 사양하고 어머니를 모시고 처가가 있는 파산(坡山: 파주) 우계(牛溪)에 은거하였다. 사후 사헌부집의(司憲府執義)에 추증되었으며, 문정(文貞)의 시호를 받았다.

성수침과 판관 윤사원(尹士元) 딸 사이에서 태어난 아들 성혼(成渾, 1535~1598)은 성급과는 사촌지간이다. 성혼은 자는 호원(浩原)이며, 호는 묵암(默庵), 우계(牛溪)로 서울 순화방(順和坊)에서 태어났으며, 파주 우계에서 자랐다. 1551년(명종6)에 생원·진사의 양장(兩場) 초시에 모두 합격했으나, 복시에 응하지 않고 학문에만 전념하였다. 문인이이었던 신응구(申應榘, 1553~1623)는 성혼이 일찍이 학행으로 이름났기 때문에 선행으로 일컬어지지 못하는 것[6]일 뿐 참으로 효자라고 할 만큼 성수침에 대한 효성이

4) 『여지도서(輿地圖書)』 상(한국사료총서 제20집), 補遺篇(京畿道), 積城縣誌, 宦蹟의 성수영.
"成守瑛中宗三十八年癸卯拜德山縣監奉母赴任時兄守琛欲卜居於坡州溪上村而以母病不得遠離甲辰守瑛遂求移拜積城溪上距縣十五里守琛每覲母於縣衙始搆屋溪上及守瑛解官同居溪上(이하 생략)"
형 성수침이 파주 우계에서 생을 마치고자 하였던 생각을 접고 모친을 모시고 덕산으로 동생을 따라가 가야사(伽倻寺)에 기거하게 되었는데, 이듬해 성수영의 형의 뜻을 알고 적성현감으로 자원하여 비로소 우계에 죽우당(竹雨堂)을 짓고 은거하였다고도 한다(한국고전종합DB, 한국문집총간 해제, 『청송집(聽松集)』, 행력)

5) 李文楗, 『묵재일기(默齋日記)』 상(한국사료총서 제41집), 1책
- 嘉靖十六年 丁酉歲 孟夏四月 大 乙巳, 初八日丙辰, "成守瑛見邀."
- 嘉靖十六年 丁酉歲 仲夏五月 小 丙午, 十六日甲午, "成守瑛來與爲碁."

6) 박광희, 「우계 성혼의 삶과 교훈」, 『한국사상과 문화』 제84집, 2016, p.251.

지극하였다. 1554년 이이(李珥, 1536~1584)와 사귀게 되었으며, 1568년 2월 경기감사 윤현(尹鉉, 1514~1578)의 천거로서 참봉에 임명되고 적성현감 등에 제수되었으나 모두 사양하였다. 이후에도 공조좌랑, 장원, 사헌부지평 등에 제수되었으나 모두 사임하였다. 1575년 6월 다시 지평으로 불러 상경하기도 하였으나, 결국 사임하고 본가로 돌아갔다. 1581년 2월 사정전(思政殿)에 등대하여 학문과 정치 및 민정에 관해 진달하였으며, 왕으로부터 특은으로 미곡을 하사받기도 하였다. 내섬시첨정, 풍저창수를 역임하면서 선정전에 등대했으며, 특별히 강연에 출입하도록 명을 받았다. 용양위상호군(龍驤衛上護軍)에 승진되었으나 역시 고향으로 돌아갔다. 1582년 이조판서로 있던 이이가 상경을 권유하여 이조참판에 특배되었다. 성혼의 관계 진출은 이이의 권유에 의한 것이었는데, 이이가 죽자 다시 귀향을 청하였으나, 허락되지 않았고, 동지중추부사(同知中樞府事)를 맡게 되었다. 다시 고향으로 돌아가 관직에 나아가지 않았으나, 이이가 죽은 뒤 서인의 영수 가운데 중진이 되었으며, 1589년 기축옥사(己丑獄事)로 서인이 집권하면서 이조판서에 복귀하였다. 임진왜란이 일어나고 세자가 이천에 주필하면서 부르자 김궤(金潰)의 의병군중에서 군무를 도왔다. 이후 성천(成川)의 분조에서 세자를 배알하고 선조가 있는 곳으로 나아갈 것을 청하여 의주로 향했는데, 이때 선조가 의정부우참찬에 특배하였다. 1594년 비국당상(備局堂上), 좌참찬으로 영의정 유성룡(柳成龍, 1542~1607)과 함께 왜와 강화를 주장하던 명나라의 요청을 따르자 건의하고 이정암(李廷馣, 1541~1600)을 옹호하다가 선조의 미움을 받았다. 1595년 2월 다시 귀향하였다. 1602년 기축옥사와 관련되어 삭탈관직되었다가 1633년 복관사제되어 좌의정에 추증되었으며, 문간(文簡)이라는 시호가 내려졌다. 1681년(숙종7)에 문묘에 배향되었다가 1689년 한때 출향(黜享)되었으나 1694년 다시 승무(陞廡)되었다.[7)]

할아버지 성세순은 연산군의 폭정에 대해 과감하게 직언한[8)] 인물이었으며, 아버지는 성수영은 자세한 이력은 전하지 않지만 두 형들과 함께 조광조의 문하에 있던 이문건과 교유했음을 알 수 있다. 큰아버지 성수침과 성수종은 기묘사화를 계기로 은일을 일삼고 산간에 묻혀 자기 수양에 매진하는 등 조광조를 중심으로 하는 도학사상(대의명분과 요순의 지치(至治)를 현실에 구현하려는)을 몸소 실천한 인물이었다. 성수침의 학풍은 아들 성혼을 비롯한 많은 석학들에게 영향을 미쳤다. 성급의 사촌이 되는 성혼은 해동십팔현(海東十八賢)의 한 사람으로, 이황(李滉, 1501~1570)의 주리론과 이이의 주기론을 종합해 절충파의 비조(鼻祖)가 되었다. 20세에 한 살 아래의 이이와 도의의 벗이 되었으며, 1568년(선조 1)에는 이황을 만났다. 서간을 보내는 등 당파에 구애되지 않았다.

그러나 성급의 집안은 1575년(선조8) 동서분당으로 인해 시작된 붕당 정치사에서 서인의 중심에 서게 된다. 서인은 기호학파(畿湖學派)의 중심 학자인 이이와 성혼과 교유 관계에 있던 인물들이 다수를 차지하였다. 따라서 창녕성씨 가문의 역할과 영향은 지대하였다고 할 수 있다.

이후 서인은 집권과 실권을 반복하였는데, 1591년 정철(鄭澈, 1536~1593)이 건저의(建儲議) 문제로 실각한 이후 1623년(인조1) 인조반정으로 다시 정권을 주도하기까지 서인의 실세시대(失勢時代)였다.[9)] 그러므로 성급은 23세 때부터 68세로 생을 마감할 때까지 붕당의 소용돌이의 한 가운데에 있었으며, 그 대부분의 시간은 서인이 실각한 시기에 해당하였다.

3. 생애

성혼과 달리 성급의 생애에 대해서는 알려진 바가 없다. 다만 큰아버지 성수침, 성수종과 사촌 형 성혼 등 가풍의 영향을 받았을 것으로 짐작되지만 구체적인 이력을 확인하기 어렵다. 앞서 언급하였듯이, 자는 사동이며, 관직은 군자감 주부에 이르렀다. 이언충(李彦忠, 1524~1582)과 매제지간이었으며, 아들 셋을 두었는데, 문협(文浹), 문한(文漢), 문해(文海)이다.

성급이 학을 키워 생계를 꾸렸다는 사실 이외에 그의 관직 생활이나, 세세한 삶을 살펴볼 수 있는 기록은 매우 단편적이다. <표 1>은 성급과 관련된 문헌 기록을 정리한 것이다.

7) 한국학중앙연구원, 『한국민족문화대백과사전』, 성혼.

8) 『기년편고(紀年便攷)』 11에, 성세순이 직학(直學)으로서 연산군 시절에 심순문(沈順門, 1465~1504)을 구하는 상소를 올렸다(宦蹟歷直學燕山時上疏救沈順門)는 기록이 있는데, 심순문은 1503년(연산군 9)에 장령(掌令)으로서 어의(御衣)의 넓고 좁은 것을 지적하여 미움을 샀고, 이듬해 일어난 갑자사화에 연루되어 개령(開寧)에 유배되었다가 참수되었다. 1504년 11월 29일(음)에 성세순은 대사간으로서 영의정 유순(柳洵) 등과 함께 심문순의 사형을 막고자 한 일이 있었음이 『연산군일기』, 연산군 10년 갑자일에 확인된다.

9) 한국학중앙연구원, 『한국민족문화대백과사전』, 서인.

〈표 1〉 성급 관련 문헌 기록

연번	관련 인물	주요 내용	원문	출처
1	성혼(成渾) 1535~1598	성급이 김효원의 수찰을 전해줌	<與金希元 長生> 成汲先傳手札。(이하 생략)	『牛溪先生續集』 卷5, 簡牘
2	성문준(成文濬) 1559~1626	당숙 성급의 자는 사동이며, 스스로를 순학옹이라하고 나를 통해 시를 구함	堂叔士泂氏少余二歲。與余小少相狎。自號馴鶴翁。求詩於余。戲贈長句一篇。用代新年祝算。 堂叔士泂氏好養鶴。自號馴鶴翁。嘗求詩。余以五七言各一篇應之。	『滄浪先生詩集』卷1
3	이춘영(李春英) 1653~1606	순학옹 시축에 제(題)를 붙이고 칠언시를 지음	<題馴鶴翁軸> 皐禽聞說在靑田。淸唳時時徹九天。意態自然離物表。羽毛非欲爲人娟。君能馴得雲間翮。定是曾爲鶴上仙。舞罷月沈星漢落。好依梅塢藉苔眠。	『體素集』中, 七言律詩.
4	이정귀(李廷龜) 1564~1635	성급이 성혼의 종제로서 스스로 순학옹이라하였는데, 묵객들이 그게게 준 시가 많아 큰 시축을 이룸	成汲。牛溪先生從弟也。養鶴爲生。自號馴鶴翁。墨客多贈詩。爲一大軸。 仙禽逸翮在雲天。翁也能馴便是仙。吾欲借翁騎一日。暫時飛上閬風巓。	『月沙先生集』 卷8. 庚申朝天錄 下
5	권필(權韠) 1569~1612	순학옹의 시권에 제사하기를 신선과 같은 학을 기르는 것이 성급아니면 누가 길들일 수 있겠는가라고 함	<題馴鶴翁詩卷> 翩翩羽衣仙。乃是靑田眞。朝辭閬風岑。夕飮滄海津。別來綠玉樹。花發三千春。雖然落世網。獨立超風塵。此物非俗物。非爾誰能馴	『石洲集』卷1. 五言古詩
6	허균(許筠) 1569~1618	형조판서 허균의 상소에 성급이 언급됨	辛丑. 刑曹判書許筠上疏. 大槪. (중략) 臣初聞成汲之言. (이하생략)	『광해군일기』卷104. 광해 8년(1616) 6월 2일 신축
7	심열(沈悅) 1569~1646	성급이 무릅쓰고 배웅하니 그 군자의 의리가 높다.	<成汲冒雨送余于中路。以詩贈之> 舊雨來人今不到。多君高義薄層雲。洪濤巨浪懷襄日。追送行旌過海門。	『南坡相國文集』 卷1. 七言絶句
8	이안눌(李安訥) 1571~1637	사과 성급의 호가 순학옹이며, 순학도인에게 시를 지어줌	<成司果汲。號馴鶴> 昔聞緱氏山頭客。駕鶴昇天是七夕。七夕今逢馴鶴翁。定知王子人間謫。 <重贈馴鶴道人> 胎禽本自出風塵。不是仙翁不可馴。今日見君詩滿軸。聽松門戶果淸眞。汲。乃聽松先生庶猶子也。	『東岳先生集』 卷12. 江都錄

성급은 성혼과 18년이라는 나이 차이가 있었다. 성혼의 문집 『우계선생속집(牛溪先生續集)』 권5, 간독(簡牘)에는 무술년(1598년) 봄 김희원(金希元, 김장생, 1548~1631)이 보낸 편지를 성급으로부터 전해 받았다는 것으로 볼 때, 가까운 거리에서 지낸 사촌지간이었음을 알 수 있다.

성혼의 둘째 아들이었던 성문준(成文濬)은 당숙인 성급에 대해 자신과 매우 가깝게 지내며, 스스로를 순학옹이라 하였는데, 나에게 시를 구하므로 장구(長句) 1편과 오언시와 칠언시 각1편을 지어주었다고 하였다. 성문준이 오칠언시를 지어준 것은 1594년 봄의 일이었다.

성혼과 정철(鄭澈)의 문인으로 허균과도 교유했던 이춘영(李春英, 1563~1606)은 성급의 시축에 칠언율시를 써주었고, 훗날 성혼의 시장(諡狀)을 쓴 월사 이정귀(李廷龜, 1564~1635)는 성급에 대해 우계 성혼의 종제로서 학을 길러 생계를 삼았는데 스스로를 순학옹이라 하고 묵객들이 준 시가 많아 큰 시축(詩軸)을 이루었다고 하면서 성급을 신선으로 비유한 시를 남겼다.

仙禽逸翮在雲天 높은 하늘에 초연히 나는 신선의 새를
翁也能馴便是仙 노옹이 능히 길들이니 바로 신선이로세
吾欲借翁騎一日 내가 노옹에게 학을 하루 빌려서 타고
暫時飛上閬風巓 잠시 날아서 낭풍 꼭대기에 오르고파라.[10]

이정귀의 천거로 제술관이 되기도 하였던, 권필(權韠, 1569~1612)은 강화도 오류천의 초당에서 후학을 양성하며 살았는데, 속인과의 교류를 끊고 이안눌(李安訥, 1571~1637), 이춘영 등과만 가까이 지낸 인물이었다. 권필 역시 성급의 시권(詩卷)에 남긴 제사(題詞)에서 티끌 가득한 세상에서 속물이 아닌 학을 길들이는 성급을 칭송하였다.

[10] 『월사선생집(月沙先生集)』 卷8. 庚申朝天錄 下, 한국고전번역원(이상하 역) 인용.

翩翩羽衣仙 훨훨 깃옷을 날리는 신선은
乃是靑田眞 바로 학이네
朝辭閬風岑 아침에 곤륜산에서 제일 높은 봉우리를 떠나
夕飮滄海津 저녁에 넓고 큰 바닷가에서 물을 마시네
別來綠玉樹 헤어진 뒤에 천상의 녹옥수가
花發三千春 삼천년 만에 꽃을 피웠네
雖然落世網 비록 번잡한 세상에 떨어졌지만
獨立超風塵 홀로 티끌 세상에서 멀리 떨어져 서 있네
此物非俗物 학이야말로 속물이 아니니
非爾誰能馴 그대 아니면 누가 길들일 수 있을 것인가

1594년 원접사 이정귀의 종사관으로 활약하기도 하였던, 허균(許筠, 1569~1618)은 동인에 속했으나, 성혼과 가까이 지낸 인물이었다. 허균은 이춘영과도 교유하였는데, 그가 광해군 8년 올린 상소에서 성급과의 관계를 알 수 있는 내용이 확인된다. 즉, 유찬(柳燦, 1569~1616)이 공초를 바칠 때에 허균의 소찰(小札)을 가져다 올렸다는 내용을 성급(成汲)으로부터 처음 들었다는 것이다.[12]

서인의 영수였던 성혼의 사촌동생이 동인이었던 허균과 가까이 지냈다는 것이 의외이지만, 성혼이 당시 동인의 무죄를 증명하기 위해 노력했고[13] 성혼이 당파를 가리지 않고 교유했던 점에 비추어 볼 때, 성급은 성혼과 마찬가지로 당파에 구애되지 않았음을 알 수 있다.

탁지(度支)에 대한 뛰어난 경륜으로 왕의 총애를 받았고 시와 글씨에도 능했던 심열(沈悅, 1569~1646)은 성급과는 친구 사이였다. 심열은 성급이 비를 무릅쓰고 배웅하여 준 것에 감사해 시를 지었다. 이안눌도 성급과 관련한 2편의 시를 남겼는데, 순학옹 성급을 순학도인(馴鶴道人)으로 칭송하였다.

이처럼 성급에 대한 구체적인 이력을 확인하기 어렵지만, 이언충(李彦忠, 1524~1582)과 매제지간이었으며, 1598년 김장생의 편지를 성혼에게 전해주었고, 1616년(광해군 8년) 허균의 상소(上疏)에 등장하는 정도이다.

다만, 명정의 기록으로 보아 관직은 군자감 주부였으며, 품계는 종6품(하)에 해당하는 선무랑이었음을 알 수 있다. 그는 평소에 시를 좋아해 성혼의 아들인 종질(從姪) 성문준을 통해 시를 구하기도 하였는데, 이춘영과 권필 등은 성급의 시권(詩卷)에 제사(題詞)를 남기기도 하였다.

한편, 김장생, 이춘영, 이정귀, 권필, 심열, 이안눌 등 동시대의 문인들이 남긴 시문(詩文)을 통해 성급이 학을 키워 생계를 삼았던 순학옹(馴鶴翁)으로서의 삶을 산 인물로 그려져 매우 주목된다.

4. 순학옹으로서 삶의 의미

양학(養鶴)은 조선시대 안평대군(安平大君, 1416~1453)을 비롯한 종친(宗親)뿐만 아니라 사대부, 향촌 사족(士族) 등에 의해 전국 각지에서 행해졌으며, 학을 길들이는 순학(馴鶴)은 생업이 될 정도로 지속적인 수요가 있었다.[14] 조선시대 양학과 순학이 유행한 것은 학에 대한 남다른 의미가 있었기 때문이었다. 특히, 북송(北宋)대에 매화와 한 쌍의 학을 자식으로 삼아 20년간 은거하였던 매처학자(梅妻鶴子) 임포(林逋, 967~1028)의 고사 등이 조선시대 문인들에게 큰 영향을 끼쳤다.

아래의 표는 성급이 살았던 16~17세기 동안 양학의 사례를 정리한 것이다.[15]

12) 『광해군일기(光海君日記)』 卷104, 광해 8년(1616) 6월 2일 신축, "刑曹判書許筠上疏, 大槪: 柳燦納招時, 以臣之小札進呈云。臣初聞成汲之言(이하생략)"

13) 1589년 기축옥사로 서인이 집권하면서 성혼이 이조판서에 복귀했는데, 동인의 최영경(崔永慶)이 억울하게 죽자 동인의 화살이 성혼에게 집중되었으나 성혼은 정철(鄭澈)에게 최영경을 구원하자는 서신을 보내는 등 당파에 치우지지 않았음을 알 수 있다(『한국민족문화대백과사전』 성혼 참조).

14) 홍형순, 「조선시대 사가 정원에서의 양학(養鶴)의 사례」, 『한국전통조경학회지』 112, 2020, p.43.

15) 홍형순, 위의 글, 2020, p.56에서 인용 재편집함.

〈표 2〉 조선시대 16~17세기 양학의 사례

연번	성명	생몰년	지역	비고
1	신광한(申光漢)	1484~1555	한양, 낙산	
2	황기로(黃耆老)	1521~1567	경상, 낙동강변	임포고사 인용
3	기대승(奇大升)	1527~1572	광주, 고마산	임포고사 인용
4	최영경(崔永慶)	1529~1590	경상, 진주, 만죽산	
5	유희경(劉希慶)	1545~1636	한양	도교
6	성급(成汲)	미상	경기, 파주, 우계	
7	이장경(李長卿)	미상	황해도, 양산	임포고사 인용
8	유순인(柳純仁) 형제	미상	경기, 과천, 산내곡	
9	송석우(宋錫祐)	1584~?	경기, 포천, 한산	임포고사 인용
10	조경(趙絅)	1586~1669	경기, 포천	임포고사 인용
11	신량(申湸)	1596~1663	충청, 남포	
12	허목(許穆)	1596~1682	경기, 연천	
13	남두훤(南斗烜)	미상	충청, 아산	
14	윤휴(尹鑴)	1617~1680	경기, 여주, 백호	
14	이동명(李東溟)	1624~1692	경상, 낙동강변	황기로의 외손자
15	박세당(朴世堂)	1629~1703	경기, 양주, 석천	
16	신여석(申汝晳)	1632~1695	한양, 자하동	
17	이우(李俁)	1637~1693	한양	종친
18	채팽윤(蔡彭胤)	1669~1731	충청, 홍주, 고산	임포고사 인용

이처럼 다양한 인물들이 전국 각지에서 학을 기른 것을 알 수 있는데, 학을 기른 이유는 혈연과 교우관계, 사승 등 학맥과 관련성이 컸다. 즉 동인계와 그 맥을 이은 남인계 인물들에게서 많이 나타나고 있는데, 이는 중앙 정치권으로부터 자의 혹은 타의로 소외되면서 은거를 택할 수밖에 없는 상황이 원인이 되었던 것이었다.[16]

한편으로, 학을 기른 인물들은 임포를 자신과 비교한 예가 많이 확인되고 있다. 임포는 1005년 절강성 항주의 서호(西湖)의 고산(孤山)에 들어가 생을 마칠 때까지 두문불출한 은자(隱者)였다. 고산에 매화나무를 심고 두 마리의 학을 기르면서, 매화를 아내로 삼고, 학을 자식으로 삼았다고 하여 동경의 대상이 되었으며, 회화의 소재가 되어 「임포고사도」라는 장르를 파생시키기도 하였다.[17] 학은 고결한 자태를 뽐내는 일품조(一品鳥)로서 새들의 우두머리이자 상서로운 영물로 간주되었는데, 이황은 학을 '키가 큰 훌륭한 군자(長身古君子)'로 묘사하기도 하였으며,[18] 도가(道家)와 유가(儒家) 등 폭넓은 영역에 걸쳐 풍부한 상징체계를 갖추게 되었다고 할 수 있다. 즉, 임포의 이야기는 문인 삶의 귀감으로 널리 회자되었고, 시문과 서화를 통해 끊임없이 재생산되었는데, 그 과정에서 학이 갖는 상징체계가 은자의 삶을 투영하는 매개로 인식되었던 것이다.[19]

성급이 순학옹 또는 순학도인으로서 알려지게 된 것은 당시 성급 가문의 사상적 경향과 매우 밀접한 관련이 있다.

조선이 건국되고 학문에 전념하여 성리학의 이념을 실현하고자 했던 사림들은 김종직-김굉필-조광조로 이어지는 학문계통을 가지고 있었는데, 사림들은 정계진출을 통해 성리학적 이상세계를 실현하고자 하였다. 조광조는 김안국(金安國, 1478~1543) 등과 함께 과감한 제도 개혁을 단행하여 도학(道學)을 실현하고자 노력하였는데, 기묘사화는 사림들을 정치적 현실로부터 멀어지게 하고 은거하여 자기 수양에 집중하는 경향으로 변모시키게 되었다.[20]

원래 도학이란 정밀하고 합리적인 이론 체계가 갖추어진 송대(宋代)의 유학을 말하는 것이었다. 즉, 공자와 맹자의 도를 계승한 것이 송대의 도학인데, 송대의 도학파들은 요순(堯舜)이 전해준 도학의 중심 과제인 중용의 도와 도심설, 공자와 맹자의 중심사상인 인의의 도와 성선설을 치밀하게 분석하여 논리적으로 체계화하였다. 그 결과 근본 원리를 모르는 인간의 도리에 대한 맹목적 실천이나 실천성이 없는 공허한 이론 등은 모두 배척되었고, 도의 본질에 대한 이해가 잘못되었거나 실천적 인격이 부족하면 진정한 도학자로 인정되지 않았다.[21]

16) 홍순형, 앞의 글, 2020, pp.56~57.
17) 김석란, 「한일의 회화에 나타나는 임포의 이미지」, 『일본문화학보』 86, 한국일본문화학회, 2020, pp.61~83.
18) 『퇴계선생문집고증(退溪先生文集攷證)』 卷3, 第5卷 詩, 養鶴.
19) 박정애, 「조선후기 회화에 나타난 鶴의 이미지와 표현양상」, 『미술사연구』 26, 미술사연구회, 2012, p.112 및 p.105.
20) 이두원, 「晦齋 李彦迪의 道學思想과 道學詩 硏究」, 동국대학교 대학원 석사학위논문, 2014, pp.17~18.
21) 오석원, 「우계 성혼의 도학사상」, 『우계학보』 35, 우계문화재단, 2017, pp.39~44.

이러한 송대의 도학사상이 고려 말기에 전래된 이후 조선의 도학자들은 성리학적 이론 체계를 기반으로 하여 특히 의리를 강조한 도학사상을 구축하여 이를 중추적인 사회 이념으로 성장시켰다.[22)]

즉, 조선 유학사상의 정통은 의리와 충절의 도리를 주장했던 정몽주(鄭夢周, 1337~1392) 계열을 연원으로 하고 있는데, 이이는 정몽주로부터 시작된 조선 초기의 도학적 의리학파의 정맥이 조광조에 이르러 진정한 의미에서 도학을 완성하였다[23)]고 보았을 정도로 조광조의 도학사상은 조선 중기 정치사회적 영향력이 매우 컸다. 조광조의 도학은 지치(至治)의 실천원리, 즉 경학을 중심으로 하는 철저한 실천 지향의 학문적 전환을 이끌었다는 점에서 주목되며, 결과적으로 조광조는 사림들의 추앙을 받는 대표적 인물이 되었던 것이다.[24)]

성급의 큰아버지 성수침과 성수종은 어려서부터 조광조의 문하에 들어가 수지(守志) 은거하며, 도학을 강명(講明)하였으나,[25)] 기묘사화(1519)로 종제(從弟)인 성우(成遇)가 사화에 연루되어 희생되자 벼슬을 포기하고 백악산에 청송(聽松)이라는 편액을 걸고 오직 학문과 수양에만 힘쓰다가 1535년에는 파주 우계로 이거하여 도학의 학풍만을 실천하였다.[26)]

성수침은 늘 사람들에게 『소학』을 권하며, 수신(修身)의 대요(大要)가 모두 여기에 있다[27)]고 할 정도로 소학을 강조하였는데, 『소학』이 가장 중요한 텍스트로서 강조된 것은 김굉필이 조광조에게 그랬던 것이며, 『소학』은 조광조의 일생과 학문에 가장 큰 영향을 미치게 되는 동시에 한국 도학을 특징짓는 측면에서도 가장 중요한 위치를 차지하였다.[28)]

김굉필-조광조-성수침으로 이어진 도학은 성씨 가문의 가학(家學)이 되어 성급의 대로 이어졌다. 성급의 사촌형인 성혼도 조광조의 도학사상을 계승한 아버지 성수침의 가르침을 기반으로 하여 실천적 도학사상을 학문적 주지(主旨)로 삼았다. 그러나 성혼은 이론보다는 실천에 더 크고 중요한 의미를 부여하였다. 성혼은 선비의 역할이 자신을 수양하는 수기(修己)와 백성들을 편안하게 하는 안민(安民)을 구현하는 것에 있으며, 궁극적인 목표는 이를 통해 대도(大道)를 구현하는 것이라고 하였다.[29)] 즉, 공자와 맹자의 유학사상과 송대(宋代) 주자(朱子)의 도학사상을 기반으로 하여 조광조와 성수침의 도학사상을 계승한 성혼의 도학사상은 청렴결백한 인품이나 인격을 형성하는 기반이며 사회정의와 평화를 구현하는 원동력이라는 점에 귀결되었다.[30)]

따라서 성혼과 나이 차이가 많이 나는 사촌동생이었던 성급 역시 어려서부터 도학사상의 영향을 받았음이 분명한데, 명문의 가계에서 성장하면서 훌륭한 사우(師友)들과 학문을 익힌 성혼과 마찬가지로 성급의 삶에 있어서 사상적 핵심은 역시 도학사상이라고 할 수 있다. 그러므로 순학옹, 순학도인 성급에게 있어 순학의 의미는 생계를 위한 수단으로서 그치는 것이 아니라 도학사상의 실천을 위한 삶 자체로서 의미가 있다고 하겠다.

5. 나오며

이상으로 2005년 경기도 파주시 창녕성씨 묘역에서 확인된 성급의 가계와 생애에 대해 살펴보았다. 성급에 관한 기록이 많지 않아 구체적인 삶을 실피는 데에는 한계가 있다.

성급은 성인보를 시조로 하는 창녕성씨의 12세손으로 1553년 사숙공 성세순의 4자인 성수영의 맏아들로 태어났다. 그의 가문에는 1519년에 일어난 기묘사화를 계기로 은일을 일삼고 산간에 묻혀 수양에 매진하는 등 도학사상을 몸소 실천한 인물들이 즐비했다. 또한 성급의 집안은 1575년(선조8) 시작된 붕당의 정치시대에 서인의 중심에 서게 된다. 집권과 실권을 반복하는 과정에서 성급은 붕당의 실세(失勢)의 시대 속에 살게 되었는데, 성급이 23세 때부터 68세로 생을 마감할 때까지 대부분의 시간은 서인이 실각한 시기에 해당하였다.

22) 오석원, 위의 글, 2017, p.45.

23) 『율곡전서(栗谷全書)』 卷28, 經筵日記.
"前朝鄭夢周始發其端 而規矩不精 我朝金宏弼接其緒 而猶未大著 及光祖倡道 學者翕然推尊之 今之知有性理之學者 光祖之力也."

24) 유현주, 「靜庵 趙光祖의 至治에 관한 硏究」, 성균관대학교 대학원 박사학위논문, 2014, p.209.

25) 『우계집(牛溪集)』(『한국문집총간』43), 年譜附錄 行狀(李廷龜 撰)
"考諱守琛 世稱聽松先生 少受業趙靜菴之門 隱居守志 講明道學."

26) 황의동, 「우계의 도학사상」, 『우계학보』 제16호, 우계문화재단, 1997, p.20.

27) 『명종실록(明宗實錄)』 卷29, 明宗18年 癸亥 12月 庚午. "(守琛)每以小學勸人曰 修身大要 盡在於此."

28) 유현주, 앞의 논문, 2014, pp.209~210.

29) 『우계집(牛溪集)』 卷3, 辛巳封事. "大道之要 其旨遠矣 道體無形 眞見絶鮮 然根於 天而立於人 體之身而達諸事 實理充塞 上下昭著 黙而通之 左右逢原 初非窈 冥之謂也."(오석원, 앞의 글, 2017, p.52에서 재인용)

30) 오석원, 앞의 논문, 2017, p.59.

여러 문인들의 단편적인 기록에는 성급에 대해서 학을 길러 생계를 꾸렸다고만 기록되어 있지만, 그의 순학(馴鶴)은 김종직-김굉필-조광조-성수침, 성수종-성혼으로 이어지는 조선의 도학사상의 한 가운데에 있는 은일의 선비로서의 삶을 보여주고 있다. 즉, 성급은 조선 중기 도학사상의 상징과도 같은 집안에서 보고 자라면서 가풍의 영향을 고스란히 받았으며, 중앙의 정치로부터 멀어질 수 밖에 없었던 창녕 성씨가문의 일원으로서 학은 단순한 취미나 생계의 수단이라기 보다는 도학사상을 실천하고자 했던 성급의 삶의 자세와 지향점을 의미하는 것이었다.

참고문헌

『광해군일기(光海君日記)』
『명종실록(明宗實錄)』
『연산군일기(燕山君日記)』
『중종실록(中宗實錄)』
『기년편고(紀年便攷)』
『남파상국문집(南坡相國文集)』
『동악선생집(東岳先生集)』
『묵재일기(默齋日記)』 상(한국사료총서 제41집)
『석주집(石洲集)』
『여지도서(輿地圖書)』 상(한국사료총서 제20집)
『우계선생속집(牛溪先生續集)』
『우계집(牛溪集)』(『한국문집총간』43)
『율곡전서(栗谷全書)』
『월사선생집(月沙先生集)』
『창녕성씨사숙공파보(昌寧成氏思肅公派譜)』
『창랑선생시집(滄浪先生詩集)』
『청송집(聽松集)』(한국문집총간)
『체소집(體素集)』
『퇴계선생문집고증(退溪先生文集攷證)』
『한국민족문화대백과사전』
단국대학교 석주선기념박물관, 「경기도 파주시 파주읍 향양리 출토 창녕성씨 성급 부부 묘 출토 보고서」, 2005.
유현주, 「靜庵 趙光祖의 至治에 관한 硏究」, 성균관대학교 대학원 박사학위논문, 2014.
이두원, 「晦齋 李彦迪의 道學思想과 道學詩 硏究」, 동국대학교 대학원 석사학위논문, 2014.
김석란, 「한일의 회화에 나타나는 엄포의 이미지」, 『일본문화학보』 86, 한국일본문화학회, 2020.
박광희, 「우계 성혼의 삶과 교훈」, 『한국사상과 문화』 제84집, 2016.
박정애, 「조선후기 회화에 나타난 鶴의 이미지와 표현양상」, 『미술사연구』 26, 미술사연구회, 2012.
오석원, 「우계 성혼의 도학사상」, 『우계학보』 35, 우계문화재단, 2017.
홍형순, 「조선시대 사가 정원에서의 양학(養鶴)의 사례」, 『한국전통조경학회지』 112, 2020.
황의동, 「우계의 도학사상」, 『우계학보』 제16호, 우계문화재단, 1997.

The Lineage and Life of Seong Geup, a.k.a Sunhak Ong.

Oh, Ho-seok

In 2005, a large number of burial clothing were found during the relocation of the tomb of Seong Geup (1553–1621) buried with his wife whose family name was Yi of Pyeong-chang("Madam Pyeong-chang Yi").. The letters on the funeral flag written as "宣務郎軍資監主簿成公" draws attention as it recorded the title and position of the deceased during his lifetime. Nothing had been known about Seong Geup except the fact that he was a cousin of Seong Hon (1535-1598). Therefore this study assumed the lineage and life of Seong Geup through documentary records.

Seong Geup was the 12th generation of the clan of the Chang-nyeong Seong family whose founder was Seong Inbo (a.k.a Jung-yun-gong). Seong Geup was the eldest son of Seong Soo-Young (1463-1513) who was the fourth son of Seong Se-Soon (1463-1513). Seong Geup's alias was Sadong, and he called himself with the pseudonym, Sunhak Ong. His grandfather, Seong Se-Soon was the person who boldly spoke out against the tyranny of Yeonsangun. His uncles, Seong Su-Chim (1493-1564) and Seong Su-Jong (1495-1533) were scholars led by Jo Gwang-Jo (1482-1519). They practiced Taoism secluded in a mountain and focused on cultivating their minds in the wake of the Gimyo massacre of scholars that took place in 1519. His cousin Seong Hon (a.k.a Wu-gye) was influenced by his father Seong Su-Chim, praised as one of the 'Top 18 Oriental Scholars' during their times becoming the founder of the eclecticism party based on a combination of theories of Yi Hwang (1501-1570) and Yi Yi (1536-1584).

Seong Geup may have been influenced by his uncles and cousin, but it is difficult to confirm a specific history. According to the records, he was a brother-in-law of Yi Eon-chung (1524–1582); delivered a letter from Kim Hee-won (1548–1631) to Seong Hon in 1598; and appeared in Heo Gyun's letter to the King in 1616 (8th year of Gwanghaegun). However, the records written on the funeral flag indicate that his official position was a Gunja Gamjubu, with the rank Seonmurang which was equivalent to the sixth rank (lower rank) of Jong(civil servant). He also collected poems through Seong Mun-jun (1559–1626), his niece and the son of Seong Hon. Yi Chun-yeong (1563–1606) and Kwon Pil (1569–1612) left a memorial statement in the poetry of Seong Geup.

Meanwhile, it is noteworthy that Seong Geup was depicted as a person who fostered cranes for a living in the book of poetry written by scholars of the times such as Kim Hee-won (1548-1631), Lee Chun-young, Lee Jung-gui (1564-1635), Kwon Pil, Sim Yeol (1569-1646), and Yi Anul (1571-1637).

The task of fostering cranes was done nationwide not only by the family clans but also by the noblemen and the local people in the Joseon Dynasty. There was constant demand to tame cranes, enough to make a living out of it. Fostering and taming cranes were so popular during the Joseon Dynasty because of special imposed meanings of cranes. In particular, the legend of the scholar Im-po (967-1028), who had lived in seclusion for 20 years with plum blossoms and a pair of cranes in the Northern Song Dynasty in China had a great influence on the scholars of the Joseon dynasty.

Although Seong Geup made a living by raising cranes, his influence in the taming of cranes can be found in the family tradition of scholars who had chosen to lead seclusion in life, such as Seong Su-chim, Seong Su-jong, and Seong Hon. In other words, for a member of the Changnyeong Seong family who was forced to move away from central powers, cranes represented the attitude and values of a family of scholars who pursued Taoism, rather than being just a hobby or means of making a living.

창녕성씨昌寧成氏 사숙공파思肅公派 가계도

Family tree of the Seong clan of Chang-nyeong

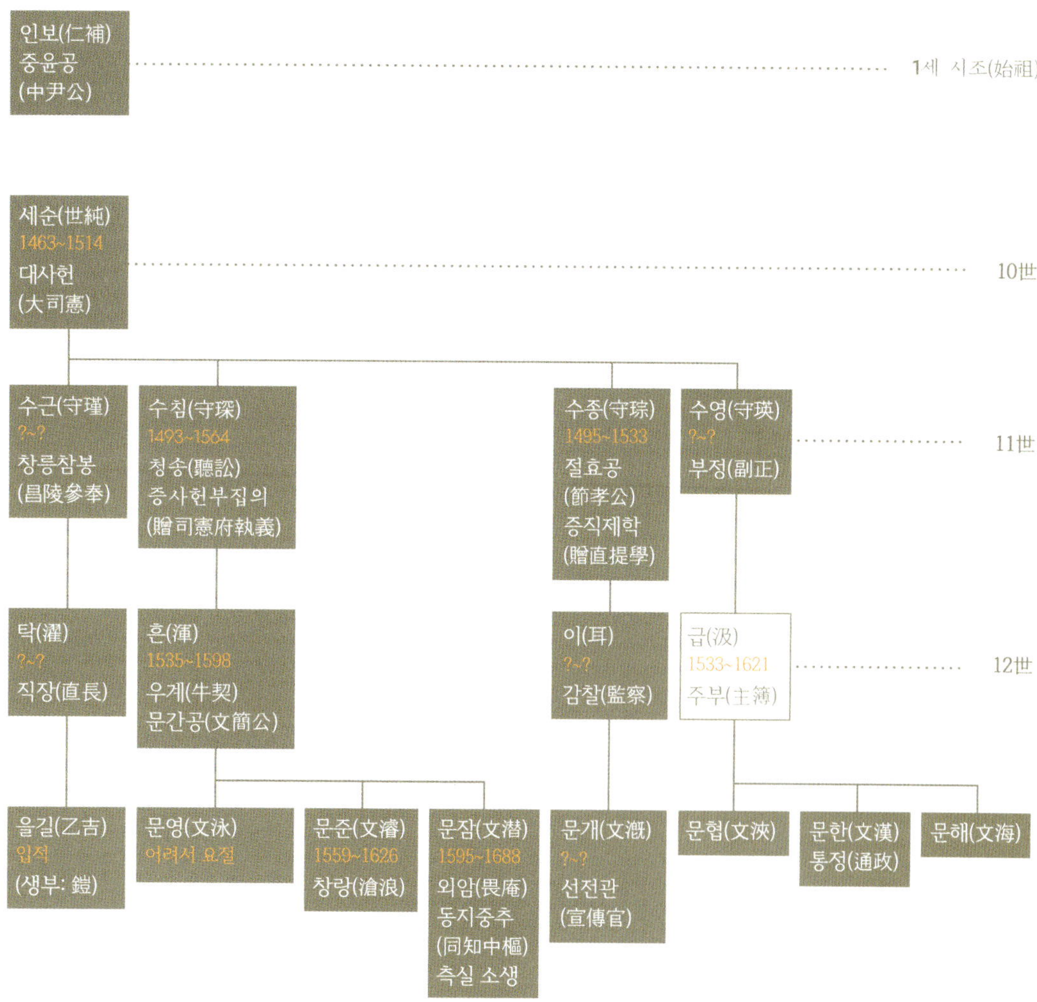

황진영 국립중앙박물관

단국대학교 석주선기념박물관(이하 본 박물관)은 1981년 석주선기념민속박물관 개관 이래 지속적으로 조선시대 분묘 이장 작업에 참여하여 어느 기관보다 많은 유물 수습 기회를 가졌다. 현재 우리나라에서 출토 유물을 가장 많이 소장하고 있는 기관이 되기까지는 주변의 많은 도움이 있었기에 가능하였다.

본 박물관이 성급 부부 합장묘 출토 작업에 참여할 수 있었던 것은 당시 묘터 조사위원이었던 김우림 전(前) 서울역사박물관장의 추천이 계기가 되었다.

경기도 파주시 파주읍 향양리 6번지 창녕성씨 사숙공파(昌寧成氏 思肅公派) 종중 산은 몇 개의 능선이 이어진 형태인데, 산등성이 중간에 위치한 성급(成汲, 1553~1621)과 부인 평창이씨(平昌李氏, 17세기 초 추정) 합장묘를 중심으로 좌측 산등성이에는 부친 성수영(成守瑛) 묘, 우측 산등성이에는 조부 사숙공(思肅公) 성세순(成世純)의 묘가 자리하였다. 이 가운데 성급 부부의 묘 터가 LG 필립스에 수용됨에 따라서 묘를 이장하게 된 것이다.

성급 부부 합장묘는 원래는 쌍분의 형태로 있던 것을 2004년에 잔디 위만 합분(合墳)한 것이라 한다. 2005년 5월 7일에 성급 부부 합장묘의 이장(移葬)이 시작되어 문중 후손인 성기환님이 조사위원인 김우림 관장에게 연락을 취하였고, 김 관장의 소개로 복식 전문기관 자격으로 본 박물관도 출토 작업에 참여하였다.

연락을 받은 복식 조사팀[2]은 당일 오후 2시 30분경에 현장 부근에 도착하였다. 발굴 현장의 주변 상황은, 산등성이 좌측에 있는 부친 묘 아래에 성급 부부를 모시기 위해 새 터를 손질하고 있었으며, 그 길을 지나 산등성이 중앙부에 있는 발굴 현장에 도착하였다. 작업장의 날씨는 맑고 바람이 선선하게 부는 정도였다.

현장에서는 문중 관계자[3], 시행사인 파주시와 경기지방공사 관계자의 참관 아래 인부들이 굴착기를 이용하여 이미 파묘 작업을 진행하고 있었다. 성급의 묘는 회곽을 제거하여 노출된 관에 명정이 덮여 있었고, 평창이씨의 경우 관 뚜껑을 이미 열어놓은[改棺] 상태였다. 관은 북쪽으로 머리를 향하여 오른쪽은 성급, 왼쪽은 평창이씨 관이 자리하였다.

오후 2시 50분경에 평창이씨 관을 먼저 수습 개시하였다. 현장은 이미 관이 드러난 상태여서 관 위에는 횡판 7개가 있었고, 관 뚜껑에 명정이 부착된 채로 조각나 분리된 상태였다. 주위의 흙 속에서 현훈을 수습하였다. 관 내부가 젖어있고 짙은 다갈색의 물이 고여 있는 것으로 볼 때 관 속에 물이 차 있었던 것으로 추정되었다. 시신은 관 높이의 반 정도로 내려앉은 상태였다. 맨 위에 덮여 있던 이불을 걷어 수습하고 다음으로 머리 쪽 상부를 덮고 있던 화문단 저고리를 수습하였다. 저고리는 소매를 뒷길 쪽으로 접고 몸판으로 머리 부분을 감싸준 형태였다. 오후 3시 20분경에 작업 능률을 높이기 위해 염습한 상태의 시신을 칠성판에 놓인 상태로 관 밖으로 꺼냈다. 외부로 자리를 옮겨 수습 작업을 재개하였는데, 하나의 염습에 칠성판 2개를 사용한 특이한 현상이 확인되었다. 즉, 맨 아래 칠성판이 있으며 그 위로 이불을 펼치고, 이불 위에 또 다른 칠성판을 얹히고 염한 시신을 놓은 후 다시 칠성판 사이로 펼쳐 놓은 이불로 염한 시신을 감싸 주었다.

1) 이 글은 출토 당시 조사보고서와 후손 성기환님의 증언을 참조하여 재구성한 것임.

2) 단국대학교 석주선기념박물관 발굴조사팀 *( )는 당시 직책임.
박성실(전통의상학과 교수), 김연자(전통의상학과 석사), 채정민(난사전통복식문화재연구소), 오혜경(전통의상학과 석사과정)

3) 문중 참석자: 성낙수, 성낙응(창녕성씨 사숙공파 24세), 성문경, 성백경, 성의경, 성대경, 성연경, 성만경, 성호경,
성일경(사숙공파 25세), 성기원(사숙공파 26세), 성기환.

2 성급과 부인 평창이씨 합장묘 출토 경위[1)]

염습의는 형태는 있었으나 직물을 만졌을 때 직물이 녹아들어 뭉개져버리는 현상이 있어 온전한 수습이 불가능하였다. 비교적 상태가 양호한 수의 바지와 수의 치마를 추가로 수습하였다. 이후 관 주변에서 삽 하나와 옷감 조각 등을 추가로 수습하였다. 관과 칠성판은 수습하지 않고 땅속에 다시 묻어주었다. 평창이씨의 경우 이전에 묘를 옮겼던 것으로 추정되었다. 첫 번째 이장을 할 때, 염한 것을 칠성판에 올려놓은 상태 그대로 새로운 이불을 사용하여 칠성판과 함께 싸주고 칠성판이 깔린 관 속에 넣은 것으로 볼 수 있다. 또한 염습은 단계 과정을 생략한 듯 매우 단순하였고, 직물 상태가 남편인 성급보다 매우 약화되어 있었다.

오후 3시 40분경에 모든 작업을 종료하였다. 수습한 유물은 매우 불량한 상태였으며 후에 총 8점으로 확인되었다.

그림 1 평창이씨 관 발굴 현장

그림 2 평창이씨 염습 상태

오후 4시경, 성급의 관을 개관하는 작업을 실시하였다. 사전 작업으로 이미 회곽을 제거하고 관이 노출되어 있었다. 관은 단관(單棺)으로 되어 사방을 회곽으로 둘러싼 형태였다. 노출되어 있는 관 위에는 <宣務郎軍資監主簿成公之柩>라고 쓰인 명정이 놓여 있었고 상부 좌측에 현(玄), 우측에 훈(纁)의 폐백이 나란히 놓여 있었다. 현훈과 명정 수습 후 관을 싸고 있는 구의(柩衣)가 드러났으며, 관 옆과 회곽의 벌어진 틈 사이로 삽(翣)이 돌출되었다. 드러난 관은 광택 없는 검은색으로 가칠되어 있었다. 관은 외경 길이 185cm, 너비 상부 59cm, 하부 50.5cm이고 두께는 9.5cm이며, 내경 너비는 상부 50cm, 하부 35.5cm의 크기이다. 관 속은 물이 고여 젖은 상태였다.

보공을 수습하기 시작하였다. 관 뚜껑을 열었더니 관 뚜껑 내부는 종이와 삼베를 배접한 후 그 위에 명주로 된 관내의가 부착되어 있었다. 제일 먼저 눈에 띈 것은 명주로 된 옷[후에 창의로 확인됨]으로 접어서 상부와 하부에 반반씩 놓여져 있었는데 수습을 하니 여러 조각으로 분리하여 접어준 것이었다. 넣어준 차례대로 수습을 하였다. 상부에서는 창의, 철릭, 중치막 분리한 것, 직령 등이 있었으며, 하부에는 중치막 조각 분리된 것 일부, 바지 여러 점이 확인되었다. 이외에도 상하, 좌우 측면의 빈 공간에 끼워져 있었던 옷 조각, 소모자, 광다회, 낭, 치아쌈지 등을 수습하였다.

보공을 모두 수습하니 이불로 감싸고 염포로 묶어준 대렴이 드러났다. 염포의 횡대는 15매, 종대는 3매였으며 모두 매듭을 묶지 않고 끝을 단단히 조여 끈에 끼워 고정하였다. 염포를 펼치자 다시 이불에 싸인 대렴이 나타났다. 대렴 이불은 좌임으로 덮여 있었다.

오후 4시 50분경에 원활한 작업을 위해 관을 들어 올려 평지로 옮겼다. 대렴 이불을 완전히 펼쳤더니 갈색과 진갈색 옷이 2단으로 나뉘어 덮여 있었다. 상부는 깃이 위를 향하게 하여 머리끝까지 덮어준 도포였으며, 하부는 깃이 아래로 향하여 다리에서 발까지 대렴 하부를 덮어준 중치막으로 확인되었다. 이어 하부를 소매가 탈락된 중치막으로 싸주었다. 상부에서는 어깨에서 대렴 머리 부분까지 완전히 덮어준 창의가 확인되었다. 대렴은 모두 좌임 상태로 싸주었으며 상부 2점, 하부 2점의 포 종류만이 사용되었다.

대렴을 모두 펼쳤더니 이불에 싸서 염포로 묶어준 소렴이 드러났다. 염포는 대렴과 같은 형식으로 묶어주었다. 소렴 이불은 좌임으로 싸주었다. 바닥면에 깔린 순서 상 상부를 감싸준 도포가 얼굴 쪽에 소매를 접은 상태로 제일 먼저 확인되었다. 도포를 펼치니 하부 다리 사이에 바지와 중치막 소매 2짝이 놓여 있었다. 상부 머리 부분을 저고리 소매 조각을 이용하여 둘러 감싸주었으며, 저고리 조각은 접어서 베개처럼 사용하였다. 이를 제거였더니 장옷으로 머리 뒤쪽을 감싸면서 복부까지 둘러싸 준 상태가 나타났다. 중치막은 깃을 아래로 향하게 하여 허리에서 발까지 길게 덮어주었고, 도포는 상부를 덮어주었다. 소렴은 가장 겉과 안을 도포를 사용하였으며, 상부에는 포와 저고리를 사용하였고 깃은 위를 향하게 하였으며, 하부는 포와 바지를 사용하였는데, 이때 포의 깃은 아래쪽을 향하게 하였다.

오후 5시 30분경 대렴과 소렴을 펼친 덩어리를 수의와 분리한 후 수의 수습 작업을 재개하였다. 수의는 겉에서부터 상의는 홑 직령[허리띠 포함]-겹 창의-솜누비 중치막-솜 중치막-솜누비 저고리-홑적삼 순으로 입었는데, 모두 좌임으로 여밈하였다. 하의는 누비바지-겹바지-홑바지 순으로 입고 있었으며, 3점의 바지를 입고 허리말기를 한꺼번에 왼쪽으로 접어서 여밈하였다. 옷을 모두 펼친 후, 멱목, 모자, 악수 버선과 습신 등을 수습하였다. 수의는 시신을 수거한 후 수습하여 정리하였다. 관과 칠성판 등 보관상의 어려움이 있는 물건은 수습하지 않았다.

오후 6시 10분에 모든 수습 작업을 완료하였다.

수습이 완료된 후 성급과 부인 평창이씨 유물은 본 박물관[당시 한남동 캠퍼스]으로 옮겨와 우선 저온 보관하였다. 5월 10일에 수습한 유물을 거풍하면서 상태 조사와 사진 촬영을 실시하였으며, 이후 약 50일의 기간에 동 대학원 전통의상학과 학생들과 함께 습식으로 유물 세척을 하였다. 상태가 비교적 양호한 유물은 2005년 2학기 유물 보수 수업 자료로 사용하여 보수하였으며, 나머지 유물은 2021년 제40회 특별전을 준비하면서 2020년부터 보수 작업을 진행하고 완료하였다.

보존 처리 후 성급의 유물 60점, 평창이씨 유물 8점이 확인되었다.<표 1> 참조

그림 3 회곽 제거후 관이 노출된 성급의 묘터

그림 4 폐백, 명정, 구의 수습 후 드러난 관

그림 5 바닥에 재가 깔린 상태의 칠성판

그림 6 재를 제거한 후의 칠성판

The Report of the excavation process of the Tomb of Seong Geup and his wife Madam Pyeong-chang Yi.

Hwang Jinyoung

On May 7th, 2005, the tomb of Seong Geup (1553–1621) buried with his wife whose family name was Yi of Pyeong-chang(Madam Pyeong-chang Yi, estimated as the early 17th century) was relocated to a different place. The property in the mountain of the Seong clan of Chang-nyeong, located in Paju, Gyeonggi-do had been expropriated by the government for a National Land Development project. The research team of the Dankook University Museum had been contacted and travelled for on-site work. When the team arrived, the crane had already started to dig up the tomb. In the area in which the tomb of Seong Geup had been dug, the limestone carrier(a block of stone enclosing the coffin) was crushed then exposing the coffin. The coffin was covered with old clothing and Myeong-jeong(funeral banner), with an inscription of the name and the rank of the deceased.

When the team began the work opening the cover of the coffin, it was full with clothing and the water inside. Firstly, the items in which had been filling the empty spaces were recovered. These items were mainly clothing, folded and ripped to be placed without any empty spaces left. Next, the relics for the Dae-ryeom were retrieved. When the blanket and the strap which was used as a tie were released, two layers of clothing were separately covered. As for the clothing, there were two of each for the top and bottom in the 'Po' (long coat which is similar to the *Durumagi* of current times) style. The clothing from Dae-ryeom was wrapped in the left direction. After unfolding the Dae-ryeom, the So-ryeom which was also enclosed and tied in the same way with a blanket and strap was exposed. The Do-po(men's coat) was used for the outer and innermost sides, for the top; a Po and *Jeo-go-ri* with the strip heading upwards, and the bottom; a Po and padded pants with the strip heading downwards.

After separating the spreaded Dae-ryeom and So-ryeom, continued the excavation for the Su-ui(shrouding of corpses). For the top portion, there were six layers in the following order from outer to inner; *Jing-nyeong*(Man's coat with a straight collar), Chang-ui, (Men's lined coat with center back slit), quilted Jungchimak, (Men's quilted coat with long side slits), padded *Jungchimak*(Men's padded coat with long side slit), Jeo-go-ri(Men's quilted Jacket), and Jeok-sam(Men's undershirt), where all pieces were fixed towards the left side. For the bottom were in the following order; cotton-quilted padded pants, double lined pants, unlined pants, and again fixed towards the left. After spreading out all the clothing, the rest of the artifacts were retrieved. The clothing for Su-ui was organized after retrieving the corpse. Some artifacts such as the coffin and the Chil-seong-pan(mortuary plank with seven holes) that are difficult for preservation were not retrieved.

For Seong Geup, there had been a total of sixty pieces of relics after conducting the preservation process. The clothing were worn for burial purposes, wrapped (for So-ryeom and Dae-ryeom), or used to fill in the empty spaces (for Bogong) for the ritual procedures of the funeral. These clothing were those that the deceased had worn in their daily life during their lifetime.

A total of eight pieces of clothing of Madam Pyeong-chang Yi were excavated from the tomb. As her tomb had already once been moved to be buried together with her husband, a very small number of clothing were excavated from this tomb.

After the excavation, the relics of Seong Geup and his wife Madam Pyeong-chang Yi were transported to this museum (previously located at the Hannam-dong campus) and went under the preservation process over several years, and now exhibited in 2021 at the 40th Special Exhibition "Shrouding Sun-hak (pseudonym)-Excavated artifacts from the tomb of Seong Geup(official name) of Chang-nyeong province".

출토 개요

묘 주

성급(成汲, 1553~1621)과 부인 평창이씨(平昌李氏, 17세기 초 추정)

시 기

17세기

출토지

경기도 파주시 파주읍 향양리 6번지

출토일

2005년 5월 7일

유물 수량 및 종류

성급 유물 60점

직령 2점, 도포 3점, 창의 3점, 중치막 8점, 저고리류 3점, 장옷 1점, 철릭 1점, 바지 8점, 직령대 1점, 베개 1점, 멱목 1점, 악수 1쌍, 수의모자 1점, 소모자 1점, 버선 1쌍, 습신 1쌍, 광다회 1점, 소렴금 1점, 소렴종대 1점, 소렴횡대 1질, 대렴금 1점, 대렴종대 1점, 대렴횡대 1질, 치아쌈지 5점, 낭 3점, 구의 1점, 현 1점, 훈 1점, 명정 1점, 초석 1점, 지요 1점, 관내의 1점, 삽 1질

평창이씨 유물 8점

장옷 1점, 저고리 1점, 치마 1점, 개당고 1점, 이불 1점, 현 1점, 훈 1점, 관내의 조각 1점

유물 수습

2005년 5월 7일: 박성실 교수, 채정민, 김연자, 오혜경

사전 조사

2005년 5월 10일: 이명은, 채정민, 김연자, 오혜경, 한광순

유물 세척

2005년 5월 11일~6월 30일: 이명은, 채정민, 한광순,
김연자, 이경민, 이황조, 오혜경, 조희영(당시 대학원 전통의상학과)

유물 보수

2005년 2학기 대학원 전통의상학과 유물보수 수업 참여자

2020년 10월~2021년 4월 김미정, 김영숙, 박영애, 차미희, 한광순

기타 작업

2021년 2월~3월: 김은주, 박양희

〈표 1〉 성급 묘 출토 유물

연번	유물번호	구분	유물명	사진	직물(겉/안)	구성	길이(단위: ㎝)	화장(단위: ㎝)	품(단위: ㎝)	진동(단위: ㎝)	배래(단위: ㎝)	수구(단위: ㎝)	비고
1	B012097	습1	홑적삼		명주	홑	60	95.5	62	25.5	25.5	25	
2	B012098	습2	솜누비 저고리		명주 / 면포	솜누비	72.5	102	56	28	23	16	
3	B012099	습3	솜 중치막		명주 / 명주	솜	143	117.5	57.5	32.5	42.5	20.5	
4	B012100	습4	솜누비 중치막		명주	솜누비	133.5	109	53	30	36.5	28.5	
5	B012101	습5	겹 창의		명주	겹	132	115	53.5	29.5	40	20	
6	B012102	습6	홑 직령		면포	홑	135.5	115.5	58	27	37.5	17.5	
7	B012103	습7	직령대		화조문단	겹	248	너비 3.3					
8	B012104	습8	홑바지		면포	홑	총길이 104	허리둘레 60	둔부너비 46	부리 27.5			
9	B012105	습9	겹바지		면포 / 면포	겹	총길이 108	허리둘레 55	둔부너비 48	부리 26.5			
10	B012106	습10	누비 바지		명주 / 명주	솜누비	총길이 110	허리둘레 57	둔부너비 41	부리 27			
11	B012107	습11	멱목		문단 / 면포	솜	21 × 22	끈 24 × 0.8					
12	B012108	습12	수의 모자		화조문단 / 명주	겹	높이 20.5	너비 27	드림길이 38	드림너비 4.5~8.5			
13	B012109	습13	악수		문단 / 면포	솜	가로 18	세로 11.5	끈 31 × 0.7				
14	B012110	습14	버선		무명	솜	길이 30	발길이 26.5	회목 17				
15	B012111	습15	습신		명주 / 한지	겹	발길이 25.5	볼너비 9					
16	B012112	소렴	홑도포		명주	홑	141	118	52	29	41	23	
17	B012113	소렴	홑바지		삼베	홑	총길이 105	허리둘레 57	둔부너비 45	부리 28.5			
18	B012114	소렴	솜누비 중치막		명주 / 면포	솜누비	131	106.5	50	25.5	36	18.5	
19	B012115	소렴	솜 장옷		명주	솜	133	104.5	58	33.5	33	33	
20	B012116	소렴	솜누비 저고리		명주 / 면포	솜누비	57.5	68.5	49.5	27	23.5	17.5	
21	B012117	소렴	솜누비 바지		명주 / 명주	솜누비	총길이 105	허리둘레 57	둔부너비 45	부리 30			
22	B012118	소렴	홑 도포		삼베	홑	142	114	51	29.2	40.2	13.5	
23	B012119	소렴	소렴금		삼베	홑	239	너비 220					
24	B012120	소렴	염포(종)		삼베	홑	492	너비 26					
25	B012121	소렴	염포(횡)		삼베	홑	123~183	너비 16~30					
26	B012122	대렴	겹창의		명주 / 명주	겹	138	114.5	46	28	41	22	

연번	유물번호	구분	유물명	사진	직물 (겉/안)	구성	길이 (단위: ㎝)	화장 (단위: ㎝)	품 (단위: ㎝)	진동 (단위: ㎝)	배래 (단위: ㎝)	수구 (단위: ㎝)	비고
27	B012123	소렴 +대렴	솜누비 중치막		명주 / 명주	솜누비	128.5	100	41	24.7	86	21	소매 2조 각은 소렴에서 발견됨
28	B012124	대렴	솜누비 중치막		명주 / 명주	솜누비	139	112.5	53	29.5	85	25	
29	B012125	대렴	겹 도포		명주 / 명주	겹	144	121	55	30.5	46	25	
30	B012126	대렴	대렴금		면포, 문단 / 면포	솜	길이 216	너비 190					
31	B012127	대렴	염포(종)		삼베	홑	510	너비 25					
32	B012128	대렴	염포(횡)				172~195	너비 30					
33	B012129	보공	좌수낭										
34	B012130	보공	좌족낭		명주	홑	가로 2.2~3	세로 3~3.5					
35	B012131	보공	우족낭										
36	B012132	보공	落牙 1						己巳(1569)五月二十二日落/左下第2牙				
37	B012133	보공	落牙2						己巳(1569)六月十五日落/右上第1牙				
38	B012134	보공	落牙3		한지	-	가로 16~18.8	세로 8~15.5	丙寅(1566)五月四日_落右○○				
39	B012135	보공	落牙4						丙寅(1566)五月四日落/右上第2牙				
40	B012136	보공	落牙						落牙				
41	B012137	보공	광다회		견사		길이 295	너비 1.7					
42	B012138	보공	소모자		무명	솜	높이 25	둘레 60	끈 46 × 1.2				
43	B012139	보공	홑바지		무명	솜	총길이 104	허리둘레 52	둔부너비 46	부리 26.5			
44	B012140	보공	겹바지		면포 / 면포	겹	총길이 104.5	허리둘레 55	둔부너비 48	부리 28			
45	B012141	보공	홑 직령		삼베	홑	135	117	55	30	41.5	20.5	
46	B012142	보공	솜누비 중치막		명주/ 명주	솜누비	130	104	37	24	35	23	
47	B012143	보공	솜바지		면포 / 면포	솜	115	-	-	-			
48	B012144	보공	솜누비 중치막		명주 / 명주	솜누비	134	108.5	54	28	32.5	21	
49	B012145	보공	겹 중치막		면포 / 면포	겹	127	101	50	28	34.8	19	
50	B012146	보공	홑 철릭		마포	홑	139	127.5	54	27	43.2	24	衣48 + 裳91
51	B012147	보공	겹창의		명주 / 명주	겹	135	106.5	50	30	38	22.5	
52	B012148	보공	베개		연화문단, 명주	솜 / 홑	가로 32	세로 15					
53	B012149	보공	초석		草, 명주		154	上39	下32				
54	B012150	보공	지요		명주 / 무명	솜	166	上40	下32.5				
55	B012151	치관 제구	관내의		명주	홑	170.5	上30	下24				뚜껑 부분만 있음
56	B012152	치관 제구	구의		화문능	홑	190	上54	下48	높이 50			

연번	유물번호	구분	유물명	사진	직물(겉/안)	구성	길이(단위: ㎝)	화장(단위: ㎝)	품(단위: ㎝)	진동(단위: ㎝)	배래(단위: ㎝)	수구(단위: ㎝)	비고
57	B012153	치관제구	명정		초	홑	223	너비 56					
58	B012154	치관제구	현		명주	홑	388	폭 33					
59	B012155	치관제구	훈		명주	홑	389	폭 33					
60	B012156	치관제구	삽		목재	-	높이 46	너비 37					

〈표 2〉 평창이씨 묘 출토 유물

연번	유물번호	유물명	사진	직물(겉/안)	구성	길이(단위: ㎝)	화장(단위: ㎝)	품(단위: ㎝)	진동(단위: ㎝)	배래(단위: ㎝)	수구(단위: ㎝)	비고
1	B012157	저고리		화문단	겹	60	75	51				
2	B012158	장옷		무문단 / 명주	겹	127	67	67				
3	B012159	개당고		명주 / 명주	겹	80~85	1폭 34					
4	B012160	치마		명주 / 명주	겹	86~92	1폭 34 총 9폭	허리둘레 87.5	말기너비 4.2			
5	B012161	이불		화문단 / 명주	겹	210	너비160	동정 16	깃 24			
6	B012162	현		명주	홑	188	31.5					
7	B012163	훈		명주	홑	334	28					
8	B012164	관내의조각		명주	홑	152	上33	下27.5				

화보

Pictorial

畫譜

성급의 상례복식

Clothing of Seong Geup, Excavated garments from the grave of Seong Geup

1

喪禮服飾

1

습의

襲衣

Su-ui,
Shroud (Burial garment to dress the corpse)

죽은 자에게 입히는 옷으로, 현대에서 수의(壽衣)라 부른다. 옷 이외에도 모자, 신발, 멱목(幎目), 악수(幄手) 등 망자가 첫 번째 의식에 입는 물품 전체를 포함한다.
성급은 웃옷으로 홑적삼 - 솜누비 저고리 - 솜 중치막 - 솜누비 중치막 - 겹 창의를 입고, 가장 겉에 직령을 입고 허리띠를 둘렀다. 모두 왼쪽으로 여밈하여 주었기 때문에 안 깃이 밖으로 드러나 있다. 현재, 고름이 탈락된 상태로 흔적만 남아 있다. 아래옷은 홑바지 - 겹바지 - 솜누비 바지 순으로 3점의 바지를 입고 있었다. 바지 3점을 모두 입힌 후 허리춤을 한꺼번에 왼쪽으로 여밈하여 주었다. 허리띠는 없는 상태였다. 머리쪽은 멱목(幎目)으로 얼굴을 덮어준 뒤 수의용 모자를 씌웠다. 손은 악수(幄手)로 감싸주었으며, 발에는 솜버선을 신기고 수의용으로 간편하게 만든 습신을 신겼다.
성급의 생존 시기에 나온 예서『상례비요喪禮備要』(1620)에는 습의로 심의(深衣), 단령(團領) 또는 직령의(直領衣)를 제시하였는데, 성급이 겉옷으로 직령을 입었으므로 예서를 따랐음을 알 수 있다. 또한 같은 책 <소렴지구(小殮之具)>에서 '습할 때에는 옷깃을 오른쪽으로 여몄다가 소렴·대렴 때 비로소 옷깃을 왼쪽으로 여미는 것이 예의 본뜻에 맞다[襲則右衽至小大殮始左衽疑得禮意]'고 하였으나, 성급의 경우 습의도 왼쪽으로 여밈(左衽)하였음이 확인되어 예서에서 제시한 원칙에서 벗어나있다.

A *Su-ui* is a shroud to dress the corpse during a funeral rite. Seong Geup had worn a *Jeok-sam*, *Jeogori*, 2 pieces of *Jung-chi-mak*, *Chang-ui*, and *Jik-ryeong*, in the respective order. For the bottom, he had worn three pieces of trousers. All these pieces of clothing were ones in which he had worn during his lifetime. On the head was a *Myeok-mok*(face cover) to cover the face and a hat which was made with simplicity for shrouding purposes. The hands were wrapped with an *Ak-su*(hand cover) and the feet were dressed with a *Beo-sun*(socks) and *Seup-sin*(shoes for burial rites). These articles were made specifically for the shrouding procedure.

염습 재구성	유물번호	구분	유물명	상태 조사 시 유물 모습	유물 수습 순서	수습 상황과 유물 상태
1	B012097	습1	홑적삼		44	수의 상의 중 가장 속에 입음
2	B012098	습2	솜누비 저고리		43	수의 상의 중 두 번째 입은 옷
3	B012099	습3	솜 중치막		42	수의 상의 중 세 번째 입은 옷
4	B012100	습4	솜누비 중치막		41	수의 상의 중 네 번째 입은 옷
5	B012101	습5	겹 창의		40	수의 상의 중 다섯 번째 입은 옷
6	B012102	습6	홑 직령		39	수의 중 가장 겉에 입음
7	B012103	습7	직령대		38	직령의 허리띠
8	B012104	습8	홑바지		45	수의 하의 중 가장 속에 입음
9	B012105	습9	겹바지		45	수의 하의 중 2번째로 입음
10	B012106	습10	누비바지		45	수의 하의 중 가장 겉에 입음
11	B012107	습11	멱목		49	얼굴을 감싸줌
12	B012108	습12	수의모자		48	머리에 씌 줌
13	B012109	습13	악수		46	손을 감싸 줌
14	B012110	습14	버선		47	버선
15	B012111	습15	습신		47	종이 배접한 신

No.12097

홑 적삼 赤衫

Jeok-sam,
Unlined jacket worn for summer or undershirt

재질 명주

치수 길이 60cm, 화장 95.5cm, 뒤품 62cm, 진동 25.5cm, 수구 25cm

망자가 적삼을 착장한 모습

Jeok-sam, worn as the first layer of Su-ui(shroud)

수의(壽衣) 웃옷 중에서 가장 속에 입었다. 좌임으로 여밈하여 주었다. 바느질 상태가 매우 성글고 동정과 고름을 부착한 흔적이 없는 것으로 보아 수의로 입히기 위해 특별히 만든 것으로 추정된다.

적삼 형태는 겉깃은 칼깃형이고 안깃은 목판깃 모양으로 들여 달렸다. 일자형 모양의 소매는 끝 부분을 변사를 사용하여 마무리하였으며 옆선은 직선으로 내려오면서 아래 부분에 작게 트임을 주었다. 홑옷의 가장자리를 선단으로 처리하였는데, 겉섶과 옆트임은 별단, 안섶과 도련단은 제물단으로 처리하고 바느질은 성글게 공그르기하여 주었다.

No.12098

솜누비 저고리 縷緋赤古里

Jeo-go-ri,
Man's quilted Jacket

재질　명주, 명주

치수　길이 72.5cm, 화장 102cm, 뒤품 56cm, 진동 28cm, 수구 16cm

망자가 솜누비 저고리를 착장한 모습

Jeo-go-ri, worn as the second layer of Su-ui(shroud)

수의 중에서 두 번째 입은 웃옷이다. 홑적삼을 입은 후 이 저고리를 덧입고 좌임으로 여밈하여 주었다. 고름은 탈락하여 흔적만 남아 있다. 솜을 두텁게 둔 누비옷으로, 소매가 좁으면서도 포류(袍類)만큼 길이가 긴 것은 동절기에 방한을 위한 것으로 볼 수 있다. 형태는 겉깃이 전형적인 남성의 칼깃형이며, 안깃은 내어달린 목판깃이다. 소매는 매우 길고 수구로 갈수록 급격히 줄어드는 형태이며, 진동점은 곡선으로 굴려주었다. 옆선은 사선으로 내려와 아래쪽에 작게 트임을 주어 활동하기에 편리하도록 하였다. 도련은 활 모양의 곡선형에 품보다 넓다. 솜을 두텁게 두었기 때문에, 누비선과 바느질 땀의 간격이 넓은 편이다. 옷의 가장자리는 바늘땀을 넓게하여 홈질로 상침하여 주었다.

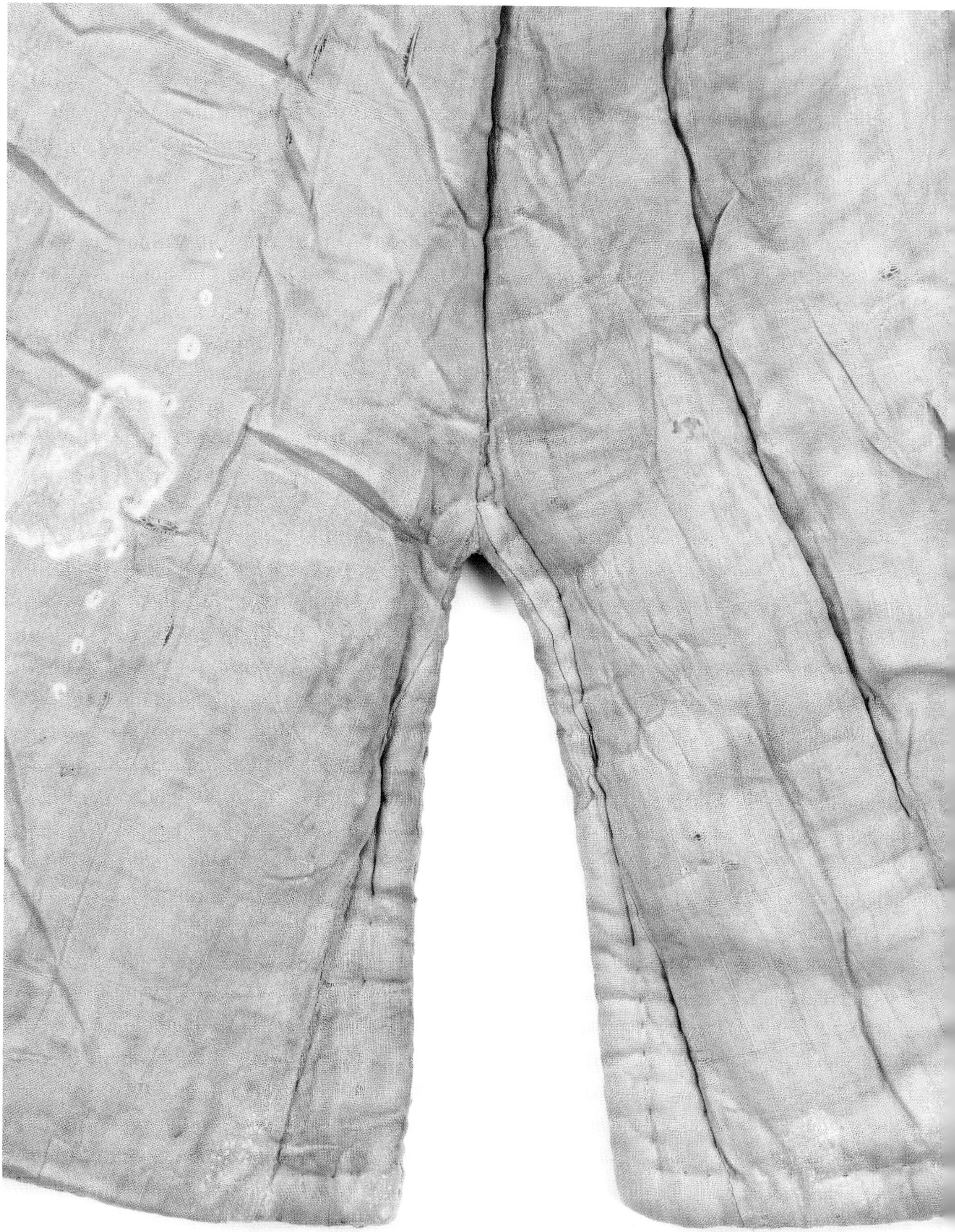

오른쪽 옆자락의 트임 모습

No.12099

솜 중치막 中赤莫

Jungchimak,
Man's padded coat with long side slits

재질 명주, 명주, 솜

치수 길이 143㎝, 화장 117.5㎝, 뒤품 57.5㎝, 진동 32.5㎝, 수구 20.5㎝

망자가 솜 중치막을 착장한 모습
Jungchimak, worn as the third layer of Su-ui(shroud)

수의 웃옷 중 세 번째 옷이다. 홑적삼과 솜누비 저고리를 입은 후 이 중치막을 입고 왼쪽으로 여밈하였다. 수의로 입은 포류와 비교했을 때 길이가 약 10cm 정도 길어 수의를 모두 착장했을 때 끝자락이 겉으로 드러나 보인다.
형태는 곁깃은 칼깃형이다. 동정과 고름은 탈락하여 흔적만 남아 있다. 소매는 진동에서 심한 사선형으로 넓어진 후 소매 끝으로 가면서 완만하게 넓어진다. 이는 1600년대 전반기 남성의 포에서 나타나는 전형적인 소매 모양이다. 옆선에는 사각접음삼각무와 사다리꼴 큰무를 달아주고 옆을 길게 터주어 활동하기에 편리하도록 하였다. 옆트임 시작점에는 연봉매듭 장식을 부착하였다. 솜을 두텁게 두어 솜옷을 완성한 후 솔기 이음선마다 홈질로 드문드문 바느질하여 두터운 솜이 흐트러지는 것을 방지하였다.

No.12100

솜 중치막 中赤莫

Jungchimak,
Man's quilted coat with long side slits

재질 명주, 명주, 솜

치수 길이 133.5cm, 화장 109cm, 뒤품 53cm, 진동 30cm, 수구 28.5cm

망자가 솜누비 중치막을 착용한 모습
Jungchimak, worn as the fourth layer of Su-ui(shroud)

옷자락을 왼쪽으로 여밈한 모습

수의 웃옷 중 네 번째 옷이다. 홑적삼 - 솜누비 저고리 - 솜중치막을 겹쳐 입은 후 솜누비 중치막을 입고 왼쪽으로 여밈하여 주었다. 솜누비 중치막 아래로 겉옷보다 길이가 긴 솜중치막 끝자락이 드러나 보인다.
형태는 겉깃은 칼깃, 안깃은 내어달린 목판깃이다. 동정과 고름은 탈락하여 흔적만 남아 있다. 소매는 진동에서 둥글게 넓어지다가 소매 끝 부분에서 줄어드는 완만 곡선형이다. 옆선에는 사각접음삼각무와 사다리꼴 큰무를 달아주고 옆을 길게 터주었다. 옆트임 시작점에는 연봉 매듭 장식을 부착하였다. 솜을 두텁게 두어 줄줄이 누벼주었고, 겉섶, 옆트임, 도련의 가장자리는 별단으로 선단 처리하였다.

가장자리를 선단으로 마무리한 모습[겉섶-무-안섶(선단 없음)-도련 순]

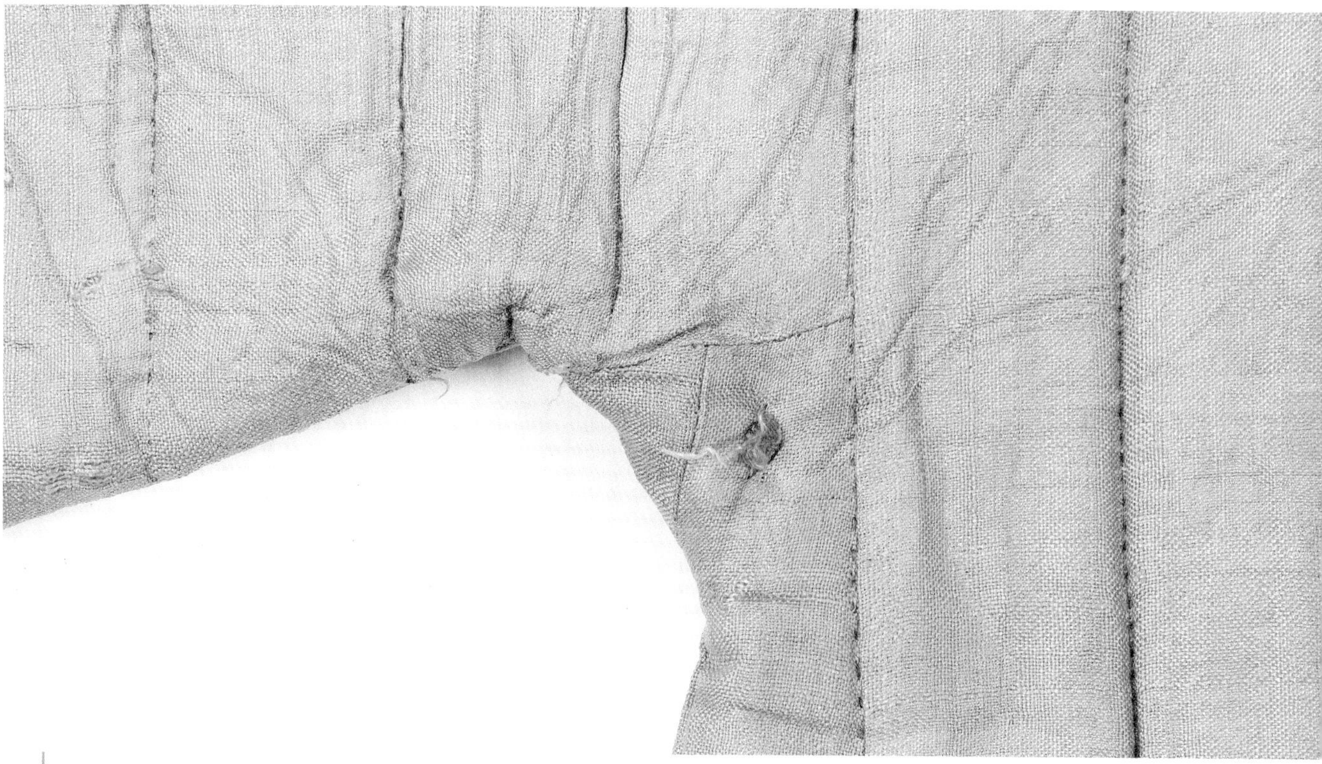

겨드랑이에 달린 사각접음삼각무 모습

No.12101

겹 창의 氅衣

Chang-ui,
Man's lined coat with center back slit

재질 명주, 명주

치수 길이 132cm, 화장 115cm, 뒤품 53.5cm, 진동 29.5cm, 수구 20cm

겉옷인 직령을 펼친 후 나타난 창의 착장 모습
Jungchimak, worn as the fourth layer of Su-ui(shroud)

수의 웃옷 중에서 다섯 번째로 입은 겹창의이다. 홑적삼 - 솜누비 저고리 - 솜중치막 - 솜누비 중치막 순으로 입은 후 창의를 덧입고 왼쪽으로 여밈하여 주었다. 동정과 고름은 탈락하여 흔적만 남아 있다.

창의는 뒷 중심선에 긴 트임을 준 것이 특징인 옷이다. 겉깃은 칼깃형, 안깃은 내어달린 목판깃 형태이다. 소매는 진동에서 급격한 사선형으로 넓어진 후 완만하게 일자형으로 넓어지는 1600년대 전반기 양식을 보이고 있다. 진동점에는 아주 작은 사각접음삼각무가 달렸고, 그 아래로 옆선에 사다리꼴 큰무를 달아주어 옆선이 아래로 갈수록 넓게 퍼진다. 가장자리는 안으로 조금 들여 2땀 상침으로 둘러주었다.

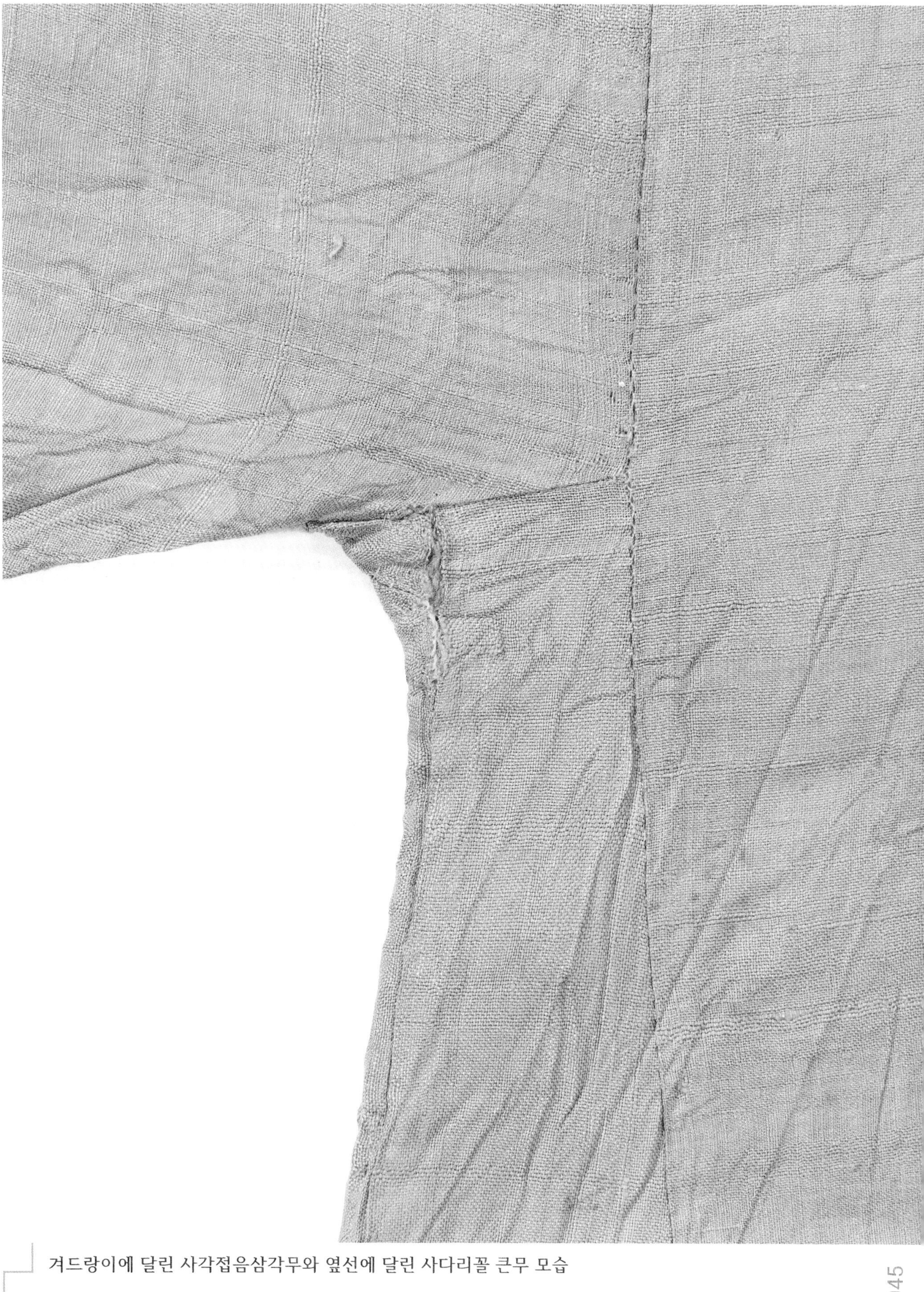

겨드랑이에 달린 사각접음삼각무와 옆선에 달린 사다리꼴 큰무 모습

홑 직령 直領

Jing-nyeong,
Man's coat with a straight collar

재질 면포

치수 길이 135.5cm, 화장 115.5cm, 뒤품 58cm, 진동 27cm, 수구 17.5cm

수의 중 가장 겉옷으로 직령을 착장한 모습
Jing-nyeong, worn as the outermost layer of Su-ui(shroud)

수의 중 가장 겉옷으로 입었다. 허리에는 화조문단 띠를 둘러 앞에서 묶어준 형태로 있었다.
직령은 단령과 형태가 같으면서 깃 모양만 다른 옷이다. 겉깃은 칼깃이고, 안깃은 1.5cm 정도가 들여 달린 목판깃형이다. 소매는 수의로 입은 창의와 같은 모양을 하고 있다. 옆선의 앞뒤, 좌우에는 상부가 뾰족하고 길이가 긴 무를 달아주었는데, 앞무가 뒷무보다 너비가 넓다. 앞과 뒤의 무는 진동 부위에만 일부[1.2cm] 붙어 있고 나머지는 떨어져 있어 겨드랑이부터 아래로 옆자락이 트여 있다. 무 상부는 위쪽으로 뻗은 삼각 형태이며, 무를 뒷길에 부착한 흔적이 없어, 무가 옆으로 뻗은 형태를 유지하고 있다. 또한 진동점 안쪽과 앞뒤무 부착점 안쪽에 좁은 끈을 달아주어 뻗은 무가의 무게감으로 쳐지는 것을 방지하였다. 길 안쪽에는 길게 어깨바대를 부착하였고, 길 겉면 진동점에는 직사각형 바대를 부착하였으며, 겉섶, 수구단, 무는 별단으로, 도련과 안섶은 제물단으로 가장자리를 마무리하였는데, 홑옷에서 주로 보이는 재봉법이다.

앞뒤 무 부착점에 달린 좁은 끈

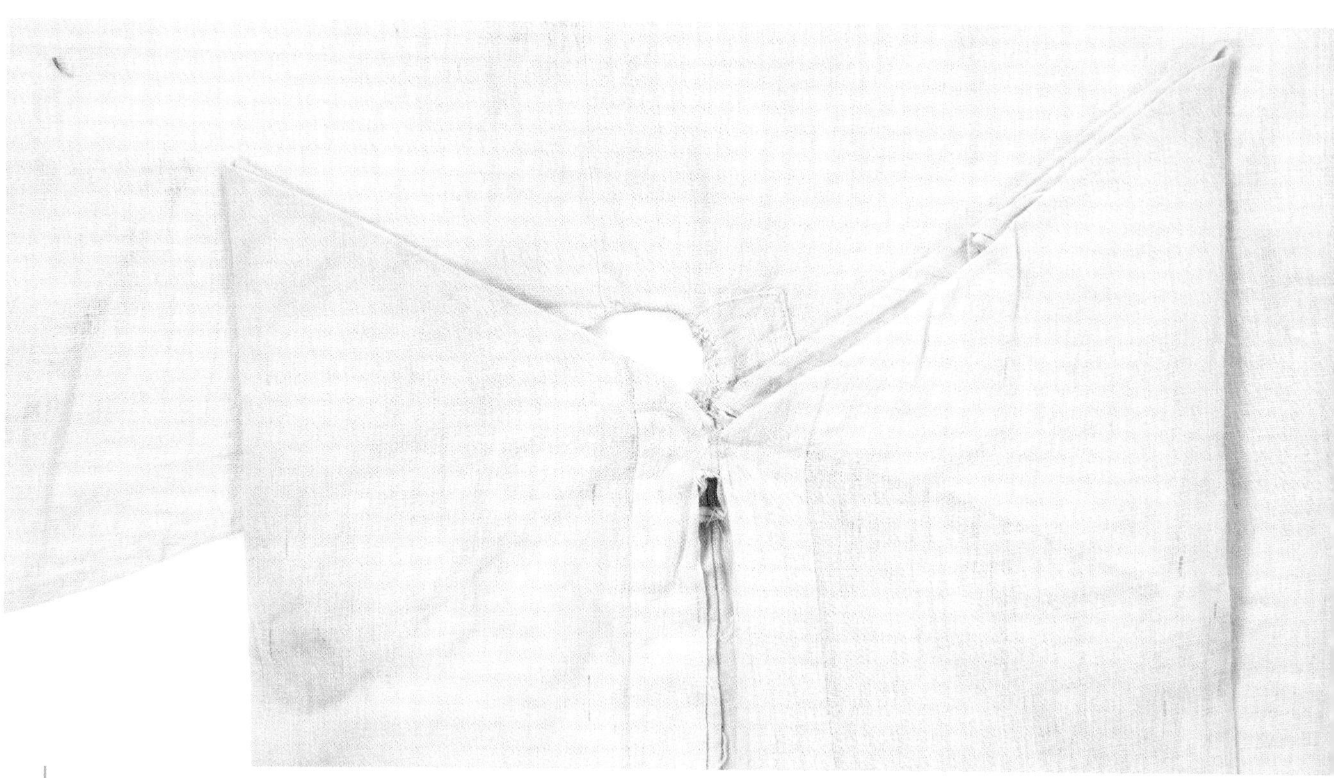

오른쪽 앞길 옆선에 달린 뒷무와 앞무 모습, 윗쪽 끝 1.2cm 바느질하여 붙여줌

No.12103

직령대

재질 화조문단

치수 길이 248cm. 너비 3.3cm

직령에 허리띠를 두른 모습

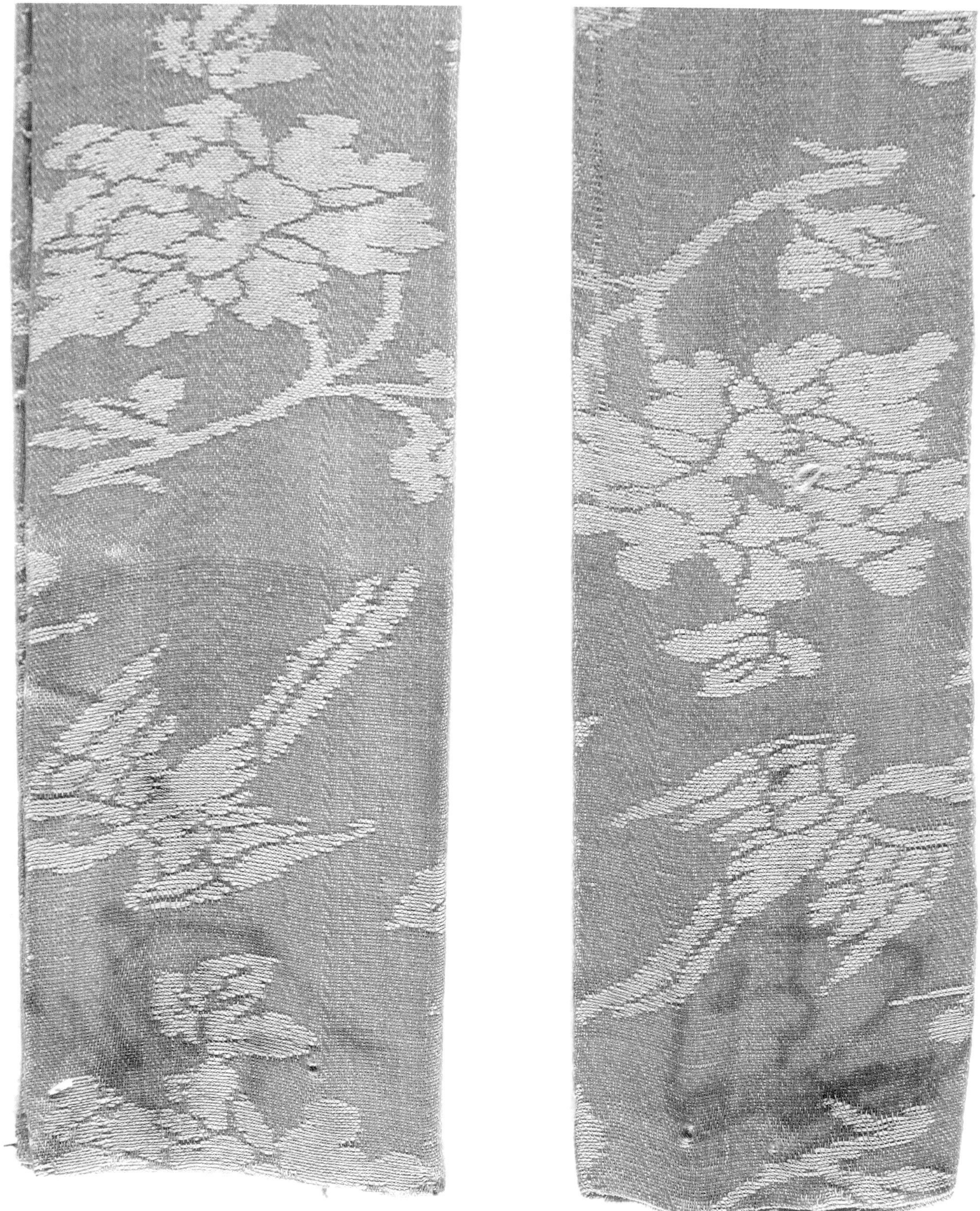

직령의 대(帶)는 모란과 새 무늬가 새겨진 화조문단(花鳥紋緞)을 길이로 접어 만들었다. 직령을 입힌 후 허리춤에 둘러 앞에서 묶어주었다. 대의 양쪽 끝에 글씨로 추정되는 묵서가 쓰여 있다.

No.12104

홑바지 袴

Baji,
Man's unlined pants

재질 면포

치수 총길이 104㎝, 허리 60 × 16㎝, 둔부(¼) 46㎝, 부리 27.5㎝

수의 아래옷 중에서 가장 속에 입은 바지이다.
마루폭, 큰사폭, 작은사폭, 허리말기로 구성된 사폭바지이다. 허리말기 상부는 변사를 사용하였으며, 배래 솔기는 옛쌈솔로 바느질하였다.

No.12105

겹바지 袴

Baji,
Man's unlined pants

재질　면포, 면포

치수　총길이 108㎝, 허리 55 × 16㎝, 둔부(¼) 48㎝, 부리 26.5㎝

수의 아래옷 중에서 홑바지를 입은 후 두 번째로 입은 바지이다.
사폭바지 형태로 만들었으며, 허리말기와 부리의 가장자리는 박음질로 상침하여 둘러주었다.

No.12106

솜누비 바지 袴

Baji,
Man's padded pants

재질 명주, 명주, 무명

치수 총길이 110cm, 허리 57 × 15.5cm, 둔부(¼) 41cm, 부리 27cm

수의 아래옷 중에서 가장 겉에 입은 바지이다.

사폭바지 형태이며 겉감은 명주이고, 안감은 허리말기와 부리 쪽 21cm 부분만 명주를 사용하고 그 윗쪽은 무명을 사용하였다. 겉감과 안감 사이에 솜을 두어 넓게 누벼주었다. 허리 말기와 부리의 가장자리는 홈질로 상침하여 둘러주었다.

망자가 바지를 착장한 모습

홑바지- 겹바지- 솜누비 바지 순으로 겹쳐 입은 모습이다. 바지 3개를 입고 허리말기를 한꺼번에 접어서 왼쪽으로 여밈하였다.

멱목 幎目

Myeok-mok,
A piece of cloth to wrap the face (face cover)

구성 솜
재질 무명, 화조문단[새 1, 2, 모란, 해당], 무명
치수 가로 21㎝, 세로 22㎝, 끈 0.8 × 24㎝

망자의 얼굴을 싸준 싸개이다. 멱목, 악수의 겉감은 동일한 화조문단(花鳥紋緞)을 사용하였다. 수의용으로 특별히 만든 것이다.

No.12109

악수 幄手

Ak-su,
A piece of cloth to wrap the hands (hand cover)

구성 솜
재질 화조문단, 면포
치수 손싸개 부분 가로 18cm, 손싸개 부분 세로 11.5cm, 끈 길이 31cm, 너비 0.7cm

망자의 손을 감싸주었던 싸개이다. 멱목과 동일한 화조문단을 사용하였다. 수의용으로 특별히 만든 것이다. 예서에는 멱목과 악수의 겉감은 검은색이고 안감은 붉으며, 사이에 솜을 둔다고 하였다.

No.12108

수의 모자

Moja,
Cap for the deceased

재질 화조문단(모란, 4엽꽃, 새), 명주, 한지 심

치수 높이 20.5cm, 너비 27cm, 드림 길이 가로 38cm, 너비 上4.5 下8.5cm

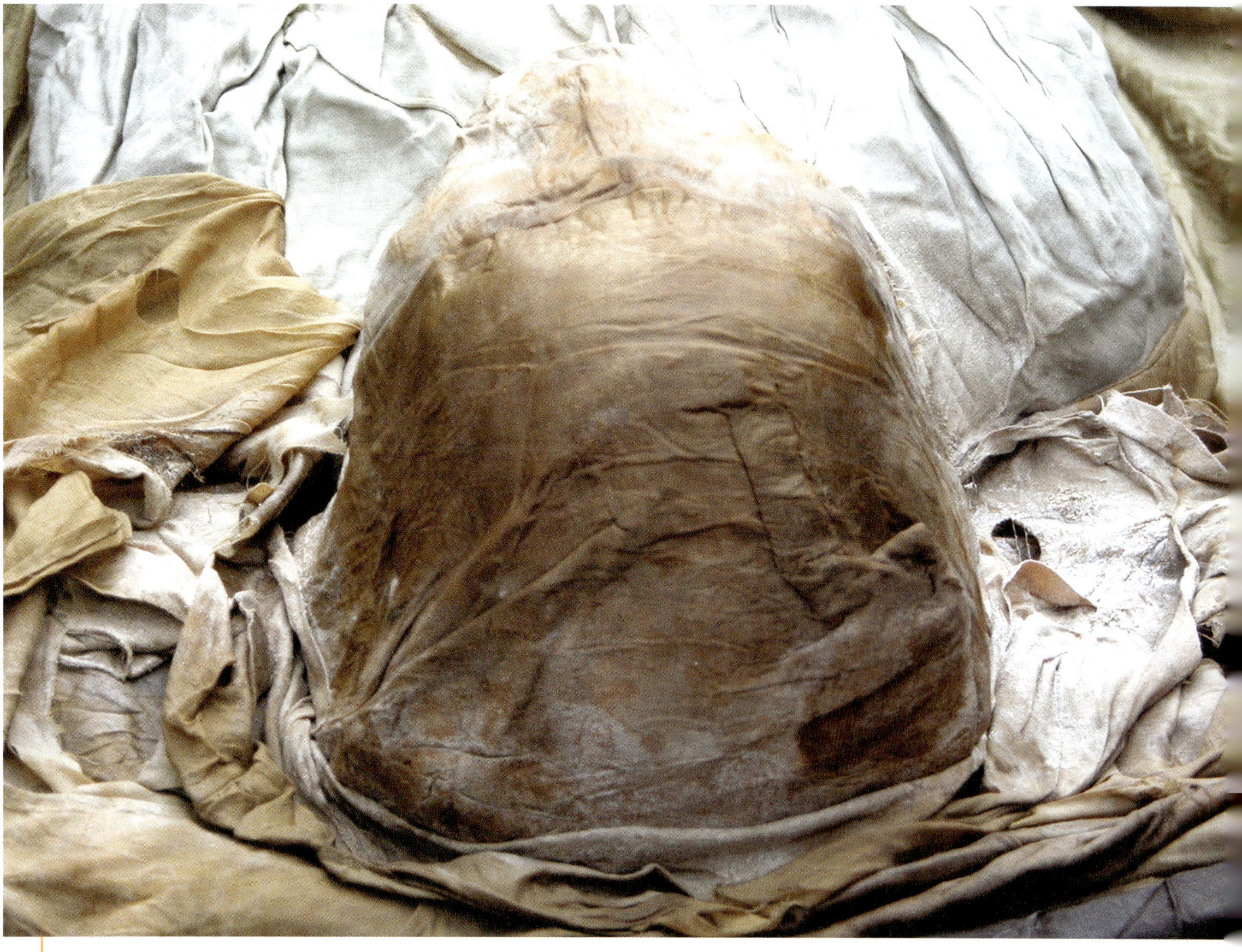

수의 모자를 착장한 모습

Cap worn as Su-ui(shroud)

성급이 수의로 쓰고 있었던 모자이다. 멱목으로 얼굴을 가린 후 모자를 씌웠다.
겉에는 화조문단을 사용하고 안은 명주에 두터운 한지를 배접하여 형태를 잡았다. 뒷면 정수리 부분에는 옷감을 끈처럼 길게 잘라 부착하여 드림을 늘어트렸다. 겉감과 배접한 안감을 한꺼번에 겹친 상태로 안쪽에서 성글게 홈질로 형태를 만들었기 때문에 안쪽에는 시접이 밖으로 드러난 상태이다.

No.12110

솜버선 襪

Beoseon,
Traditional Korean socks

재질 무명, 무명, 솜

치수 높이 30㎝, 발길이 26.5㎝, 회목 18㎝

No.12111

습신

Seupsin,
Shoes for the deceased

구성 겹

재질 명주, 한지

치수 발길이 25㎝, 볼너비 9㎝, 뒤축 7㎝, 신울 4㎝

버선과 습신을 착장한 모습
Seupsin worn after *Beoseon*(socks)

발에는 솜버선과 습신을 신겼다.
버선은 겉감과 안감 사이에 솜을 두어 만들고, 안쪽 앞 부분에 창구멍을 내어주고 마감은 하지 않았다.
습신의 신울은 명주 바탕에 한지를 배접하였고, 신울보다 두꺼운 한지를 사용하여 만든 바닥을 신울에 놓고 바닥의 가장자리를 겉에서 성글게 눌러 박았다. 이 습신은 죽은 자를 위해 특별히 간단하게 만든 것이다.

2

소렴

小殮

So-ryeom,
The process of shrouding a corpse with clothing and blankets

사망한 다음 날 수의를 입은 시신을 옷과 이불로 싸고 넓은 띠로 묶어주는 절차이다.

성급의 소렴 절차는 가로로 짧은 염포, 세로로 긴 염포를 펴놓고 소렴용 이불을 올려놓은 후, 생전에 입었던 여러 옷을 위아래로 겹치도록 펼쳐주었다. 그 위에 수의를 입은 시신을 반듯하게 놓고 펼쳐진 옷자락은 순서대로 왼쪽으로 여밈하였다. 성급의 소렴에 사용한 옷은 상부는 도포 2점과 장옷을 펼쳐주었고, 저고리를 잘라 포개어 두 어깨의 빈 곳과 머리를 받치는데 사용하였다. 하부에는 중치막을 깔아주었고, 바지와 소매 조각을 세로로 말아서 다리 사이에 채워 시신의 자세를 똑바르게 하였다.

『주자가례(朱子家禮)』와 『상례비요』의 '좌임불뉴(左衽不紐)' 원칙이 적용되어 모든 옷은 왼쪽으로 여밈하였으며, 옷고름은 탈락되어 흔적만 남아 있다. 『주자가례』 권 4, <상례(喪禮), 소렴(小斂)> 조에는 '좋은 것이 속에 있기 때문에[小斂, 美者在內], 산의(散衣)를 펴고 나중에 제복을 편다.[故次布散衣 後布祭服]'고 하였는데, 이는 가장 좋은 옷인 제복[예복 종류를 뜻함]을 먼저 사용한다는 뜻이다. 성급의 소렴에는 상부의 가장 겉과 안쪽에 도포 2점이 사용되었는데, 가장 속에 사용한 도포는 초(綃, 섬세한 평견직물)로 만들었고, 가장 겉에 사용한 도포는 마포(麻布)로 된 것을 볼 때 가례의 미자재내(美者在內) 원칙이 적용된 것으로 보인다.

For the *So-ryeom* of Seong Geup, a short and long shroud vertically and horizontally were layed out and then a blanket was placed with various clothing in which the deceased had worn during his lifetime were layered on top. The corpse which was dressed with *Su-ui*(shroud) was placed neatly and the outspread clothing were fixed in sequence to the left. Here, the best piece of clothing, *Do-po*, was placed in the innermost.

염습 재구성	유물번호	구분	유물명	상태 조사 시 유물 모습	유물 수습 순서	수습 상황과 유물 상태
16	B012112	소렴1	홑도포		36	시신의 머리부터 상부를 감싸줌. 소렴 중 가장 안에 있었음.
17	B012113	소렴2	홑바지		35	길게 반 접어서 다리 사이에 끼워줌.
18	B012114	소렴3	솜누비 중치막		34	허리에서 발까지 길게 덮어줌. 깃이 발 쪽으로 향함.
19	B012115	소렴5	솜 장옷		33	머리에서 복부까지 둘러싸 줌. 깃이 상부를 향하여 머리뒤까지 감싸줌.
20/21/22	B012116	소렴4	솜저고리		32	3조각으로 분리하여 길은 접어서 베개 처럼 사용하였으며, 소매는 머리 뒤쪽 부터 얼굴까지 둘러서 감싸줌.
25	B012117	소렴7	솜누비 바지		31	길이 반 접어 다리 사이에 놓아줌. 허리 말기는 하부를 향함.
24	B012123	소렴6	중치막 소매 2짝	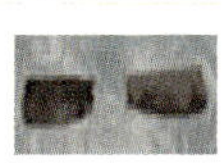	30	세로로 길게 접어서 솜누비 바지와 함께 다리 사이에 끼워줌. 대렴 중치막[No.12123]과 한 세트임.
25	B012118	소렴8	홑 도포		29	상부 바닥에 깔고 펼쳐서 상부를 감싼 형태임. 깃은 상부를 향함. 소렴 중 가장 바닥에 깔려 있었음.
26	B012119	소렴9	소렴금		28	7폭으로 만든 홑 이불. 좌임으로 덮어줌.
27	B012120	소렴10	염포(종)		26/27	15매로 묶어줌. 상부와 하부에 반폭짜리(각 2매), 안쪽 상부와 하부에 한 폭짜리(각 3매), 중심부에 반폭 짜리(2매)로 묶어줌.
28	B012121	소렴11	염포(횡)			

No.12112

홑 도포 道袍

Do-po,
Nobleman's coat worn for outdoor activities and ceremonies

재질　초(綃)

치수　길이 141cm, 화장 118cm, 뒤품 52cm, 진동 29cm, 수구 23cm

소렴 중 가장 안쪽에서 도포로 시신을 감싸준 모습
Do-po, wrapping the corpse as the innermost layer of So-ryeom.

소렴 중에서 가장 속에 놓고 싸주었던 옷이다. 시신의 상부를 머리까지 싸주었다. 『주자가례』에서 '소렴 중 가장 좋은 옷을 가장 속에 넣어준다[小斂, 美者在內]'는 원칙에 해당된다.
형태는 겉깃 모양은 칼깃 형이고, 소매는 진동에서 사선형으로 커지다가 소매 끝은 두리소매 모양의 전형적인 17세기 전반기 소매 양식이다. 앞모양은 옆선에 큰 삼각무가 부착되어있어 창의와 비슷하고 뒷자락은 뒷길과 이엽삼으로 두 층을 이루고 있다. 이엽삼[전삼]은 사다리꼴과 직사각형태로 짝을 이룬 후 진동점에서 4cm 올라와서 뒷길 어깨바대[한판] 끝에 감침질하여 부착하였다. 수구, 겉섶단, 뒷길 옆선단은 별단이며 밑도런은 제물단이다. 길 이음선은 홈질, 선단은 공그르기를 하였고, 배래는 옛쌈솔로 바느질하였다.

No.12113

홑바지 袴

Baji,
Man's unlined pants

재질 삼베

치수 총길이 105㎝, 허리 57 × 15.5㎝, 둔부(¼) 45㎝, 부리 28.5㎝

바지를 접어 다리 사이의 빈 틈을 채운 모습
Pants placed in between the legs.

다리 사이의 공간에 바지를 접어 넣어 채웠다. 소렴을 마무리할 때 시신의 자세를 바르게 정돈하기 위해 한 것으로 보인다. 형태는 허리말기, 마루폭, 큰사폭, 작은사폭으로 이루어진 사폭바지이다. 허리 말기 상부는 변사를 이용하고, 솔기 이음선은 옛쌈솔로 마무리하였다.

No.12114

솜누비 중치막 中赤莫

Jungchimak,
Man's quilted coat with long side slits

재질 명주, 안감 중심부 무명, 솜

치수 길이 131cm, 화장 106.5cm, 뒤품 50cm, 진동 25.5cm, 수구 18.5cm

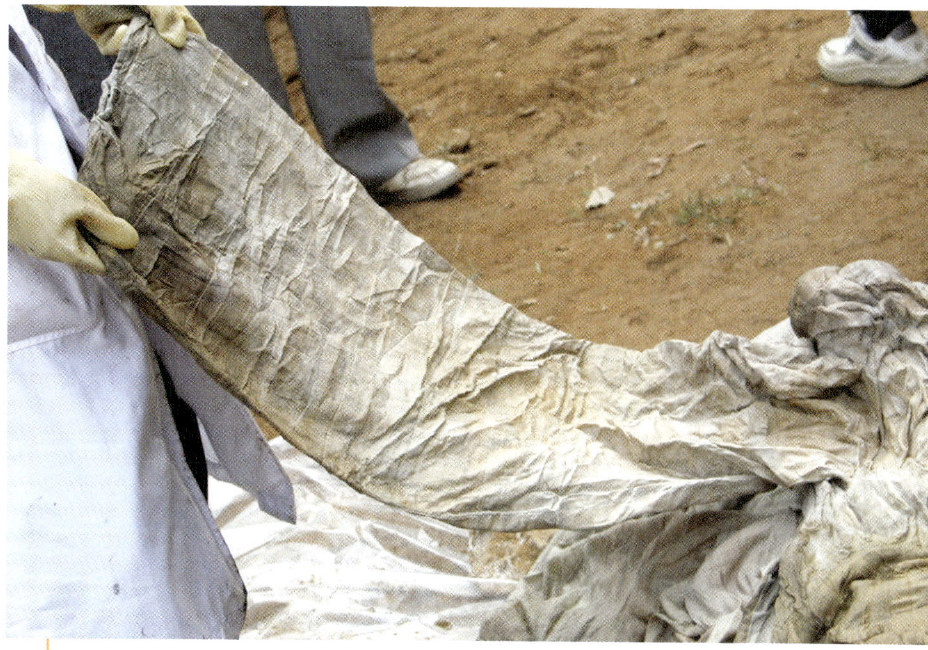

하부를 감싸준 중치막의 소매를 펼친 모습

목관의 하부를 향하고 있는 깃과 소매 펼친 모습

A spread view of Jungchimak which wrapped the bottom portion

솜누비 중치막은 깃을 아래쪽으로 하여 시신의 허리부터 발까지 길게 하부를 덮고 있었다.

형태는 겉감과 안감 사이에 솜을 두어 8㎝ 간격으로 넓게 누빔한 옷이다. 안감의 경우 중심 상부는 무명, 하부는 명주로 만들어 2가지 옷감을 사용하였다. 깃은 칼깃형이며, 넓게 동정이 달렸다. 고름은 탈락되어 흔적만 남아 있다. 소매는 17세기 전반기 양식이며, 옆선은 옆으로 퍼져 길게 트임을 주었다. 트임 시작점에 갈고리 모양으로 곱게 박음질하여 트임이 미어지는 것을 방지하였다. 누빔을 완성한 후 깃 가장자리와 수구의 끝은 곱게 홈질로 상침하였으며, 특이하게 누비옷임에도 겉섶과 옆트임의 가장자리를 두 땀 상침하여 주었다.

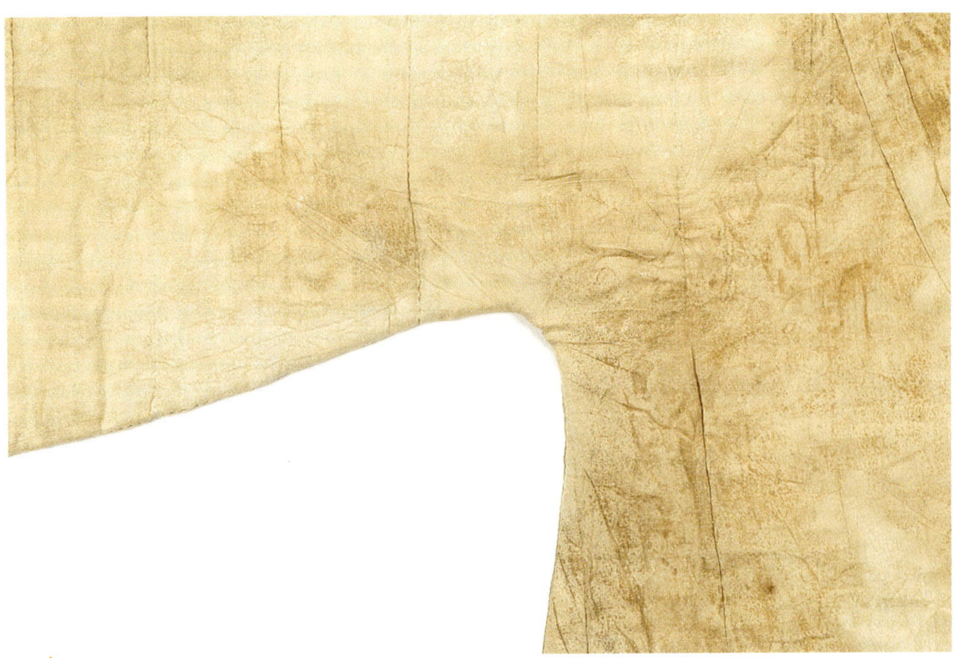

곡선으로 구성된 겨드랑이 모습

No.12115

솜 장옷 長衣

Jang-ot,
Coat

재질 명주, 화문단, 명주, 솜

치수 길이 133cm, 화장 104.5cm, 뒤품 58cm, 진동 33.5cm, 수구 33cm

장옷으로 감싼 모습

감싸준 장옷을 펼친 모습

Jang-ot that wrapped the top portion from knee to head.

무릎부터 머리까지 상부를 감싸준 옷이다. 깃은 위쪽을 향하였다. 동정과 고름이 탈락된 상태이다.
짙은 갈색 명주로 된 겉감과 소색 안감 사이에 솜을 두어 만든 솜옷이다. 깃은 양쪽이 들여 달린 목판깃 형태이며, 소매는 일자형이며 별색의 끝동을 달아주었다. 겨드랑이에는 화문단(花紋緞)으로 사각접음삼각무를 부착하여 장식하였고, 그 아래 옆선에는 사다리꼴 큰무를 달아주어 도련이 넓어진다. 겉섶, 도련의 가장자리를 겉감 색상과 같은 색의 별단으로 선단 처리하여 마무리하였다.

겨드랑이의 사각접음삼각무

가장자리 마무리 모습 [안섶-겉섶-도련 순]

No.12116

솜누비 저고리 赤古里

Jeo-go-ri,
Man's padded jacket

재질　명주, 무명, 솜

치수　길이 57.5cm, 화장 68.5cm, 뒤품 49.5cm, 진동 27cm, 수구 17.5cm

저고리로 얼굴 부위를 둘러 감싸줌

Jeo-go-ri was cut to cover the face and put in the empty spaces between the shoulders.

저고리를 잘라서 얼굴을 감싸고 어깨 빈 공간에 놓아준 모습

솜누비 저고리를 3조각으로 분리하여 두 어깨의 빈 곳과 머리를 받치는 데 사용하였다. 겉감은 명주, 안감은 몸판은 무명을 사용하고, 섶은 겉감과 같은 명주를 사용하였다. 동정과 소매는 탈락되어 흔적만 남아 있다.

형태는 좌우측 깃이 칼깃형이고 겨드랑이 아래에 2쪽무(사각접음삼각무+작은사다리꼴형무)가 달렸다. 그리고 깃, 끝동, 섶, 무 등을 별색(別色)으로 만들었다. 깃 모양은 남성용, 몸판은 여성용 저고리 양식을 보여 일반적인 남성의 저고리와 차이를 보인다. 이와 같은 양식의 저고리는 17세기 초반기 유물에서 일부 확인되는데, 전후(戰後) 혼란기에서 풍속의 변화로 나타난 복요(服妖)의 가능성이 있는 옷이다. 옷 품으로 보아 묘주의 옷일 수 있으나 수례지의(襚禮之衣)의 가능성도 배제할 수 없다.

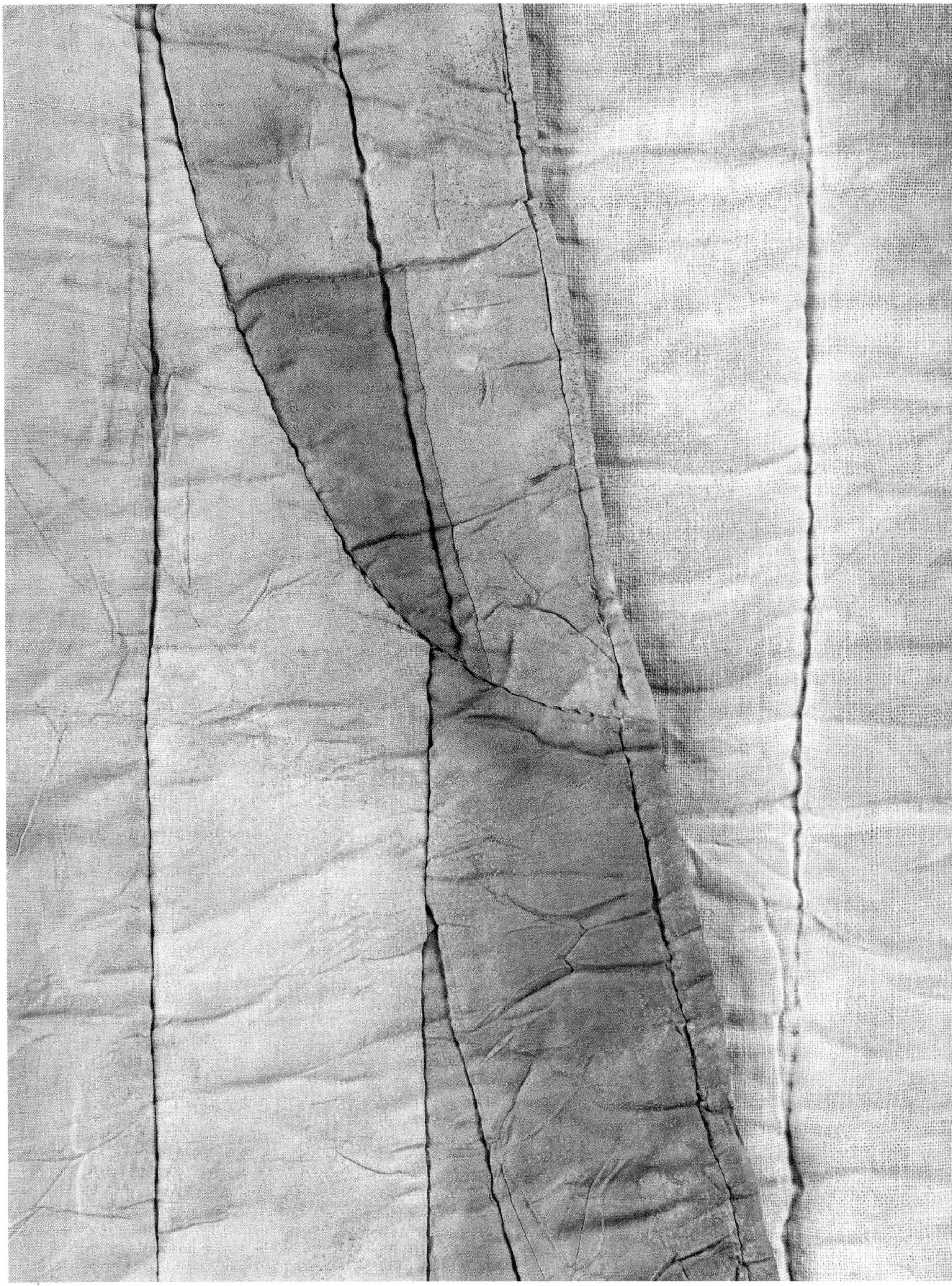

칼깃형 안깃 모습

No.12117

솜누비 바지 袴

Baji,
Man's padded pants

재질　명주, 명주, 솜
치수　총길이 105cm, 허리(½) 57 × 14cm, 둔부(¼) 45cm, 부리 30cm

다리를 덮어준 바지를 펼쳐 놓은 모습
Pants enclosed the legs

짙은 갈색의 중치막 소매 아래에 놓여 있던 바지이다. 소매 2개[후에 대렴에 넣어준 중치막[No.12123]의 짝으로 확인됨]를 수습했더니 아래에 놓인 솜누비 바지가 드러났다. 허리 말기를 하부를 향하게 하여 길이로 반 접어 다리 사이에 놓여 있었다.

사폭바지 형태의 솜을 넣어 누벼준 누비옷이다. 허리 상부와 부리를 홈질로 상침하여 둘러 주었다.

No.12118

홑 도포 道袍

Do-po,
Nobleman's coat worn for outdoor activities and ceremonies

재질 삼베

치수 길이 142㎝, 화장 114㎝, 뒤품 51㎝, 진동 292㎝, 수구 13.5㎝

가장 겉의 상부를 도포로 감싼 모습

Do-po, wrapping the top portion as the outermost layer

소렴 옷 중에서 가장 먼저 도포를 바닥에 깔아주었다. 깃을 위쪽을 향하게 하고 펼쳐서 상부를 감쌌다.
형태는 깃 모양은 칼깃형이며, 소매는 진동에서 사선형으로 커지다가 소매끝에서 두리소매형이 된다. 홑 도포의 구성과 같이 뒷자락이 층을 이루고 어깨바대 끝에 이엽삼이 부착되었고, 겨드랑이 안쪽으로 갈고리형 바대가 부착되었다. 소렴 첫 번째 옷인 홑 도포[No.12112]과 비교했을 때 이엽삼 간격[12cm]이 넓은 편이며, 진동짐과 맞닿는 선에서 부착하였다. 겉섶과 도련은 별단, 수구와 안섶은 제물단을 사용하여 고운 감침질로 마무리하였다. 배래는 옛쌈솔 바느질이다.

두 층으로 된 도포의 뒷자락 모습

No.12119

소렴금

So-ryeom-geum,
A blanket to wrap the corpse during the So-ryeom

구성 홑
재질 삼베
치수 길이 239cm, 너비 220cm

No.12120 / No.12121

소렴종대 / 소렴횡대

So-ryeom-po,
A wide strap to enclose the corpse during the So-ryeom

재질 삼베
치수 종대: 길이 492cm, 너비 26cm
횡대: 길이 123~183cm, 너비 16~30cm

종대와 횡대의 교차 모습을 보여주기 위해 뒤집은 상태임.

염포와 이불로 감싼 소렴 모습
An exposed view of *So-ryeom* after spreading out *Dae-ryeom*

대렴을 모두 펼치고 나면 이불로 감싸고 염포로 묶어준 소렴한 모습이 나타나게 된다. 횡대(橫帶)와 종대(縱帶) 염포를 펼쳐놓은 후 그 위에 이불을 깔고 옷들을 겹쳐 올려 놓았다.
이불은 7폭으로 만든 홑 이불로, 왼쪽으로 덮어 싸주었다. 종대는 온폭을 끝 부분만 세 쪽으로 갈라 사용하였고, 횡대는 온폭에 반폭을 더해 양쪽 끝을 갈라 15 가닥을 만들었다. 묶을 때에는 매듭짓지 않고 꼬아서 끼우는 방식으로 마감하였다.

3

대렴

大殮

Dae-ryeom,
The process of shrouding a corpse once more with clothing and blankets and then tying with a strap to place into a coffin.

소렴한 시신을 다시 옷과 이불로 싸고 끈으로 묶고 관에 넣는 절차이다.
성급의 대렴은 소렴과 같은 절차로 옷을 펼친 후 소렴을 반듯하게 놓고 펼친 옷자락은 순서대로 왼쪽으로 여밈하였다. 상부는 창의와 도포, 하부는 중치막 2점(1점은 소매 탈락)을 사용하여 감싸주었다.
『주자가례』와 『상례비요』의 '대렴에서는 좋은 옷이 밖에 있다 [大斂, 美者在外]'고 하여, 소렴과 반대의 원칙을 제시하였는데, 성급은 대렴에서 도포를 가장 밖에 깔고, 창의를 가장 속에 깔았다. 도포가 창의보다는 상급에 해당하므로 미자재외(美者在外) 원칙이 적용된 것으로 볼 수 있다.

The *Dae-ryeom* of Seong Geup was done the same as the *So-ryeom* process where the corpse was placed gently onto the spread clothing and then the layers fixed to the left. For the top pieces, a *Chang-ui* and *Do-po* were used and for the bottom, two pieces of *Jungchimak*.

염습 재구성	유물번호	구분	유물명	상태 조사 시 유물 모습	유물 수습 순서	수습 상황과 유물 상태
29	B012122	대렴1	창의		25	가장 속에서 상부를 싸줌. 깃은 상부를 향함.
24/30	B012123	소렴6 대렴2	솜누비 중치막		24/30	깃이 아래로 향하여 하부를 싸줌. 소매 2짝은 소렴에 사용함. (보존 처리 후 완형을 찾아서 1개의 번호 부여.)
31	B012124	대렴3	솜누비 중치막		23	깃이 아래로 향하여 하부를 싸줌. 소매 2짝은 소렴에 사용함. (보존 처리 후 완형을 찾아서 1개의 번호 부여.)
32	B012125	대렴4	겹 도포		22	가장 바닥에 펼쳐주었음. 허리에서 어깨를 거처 대렴 머리 부분까지 완전히 덮어줌. 깃은 상부를 향함.
33	B012126	대렴5	대렴금		21	좌임으로 싸줌.
34	B012127	대렴6	염포(종)	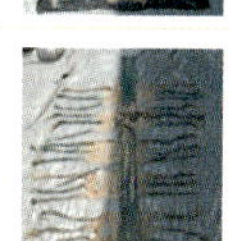	20	횡대는 15매임.
35	B012128	대렴7	염포(횡)			

No.12122

겹 창의 氅衣

Chang-ui,
Man's coat with center back slit

구성 겹
재질 명주, 명주
치수 길이 138cm, 화장 114.5cm, 뒤품 46cm, 진동 28cm, 수구 22cm

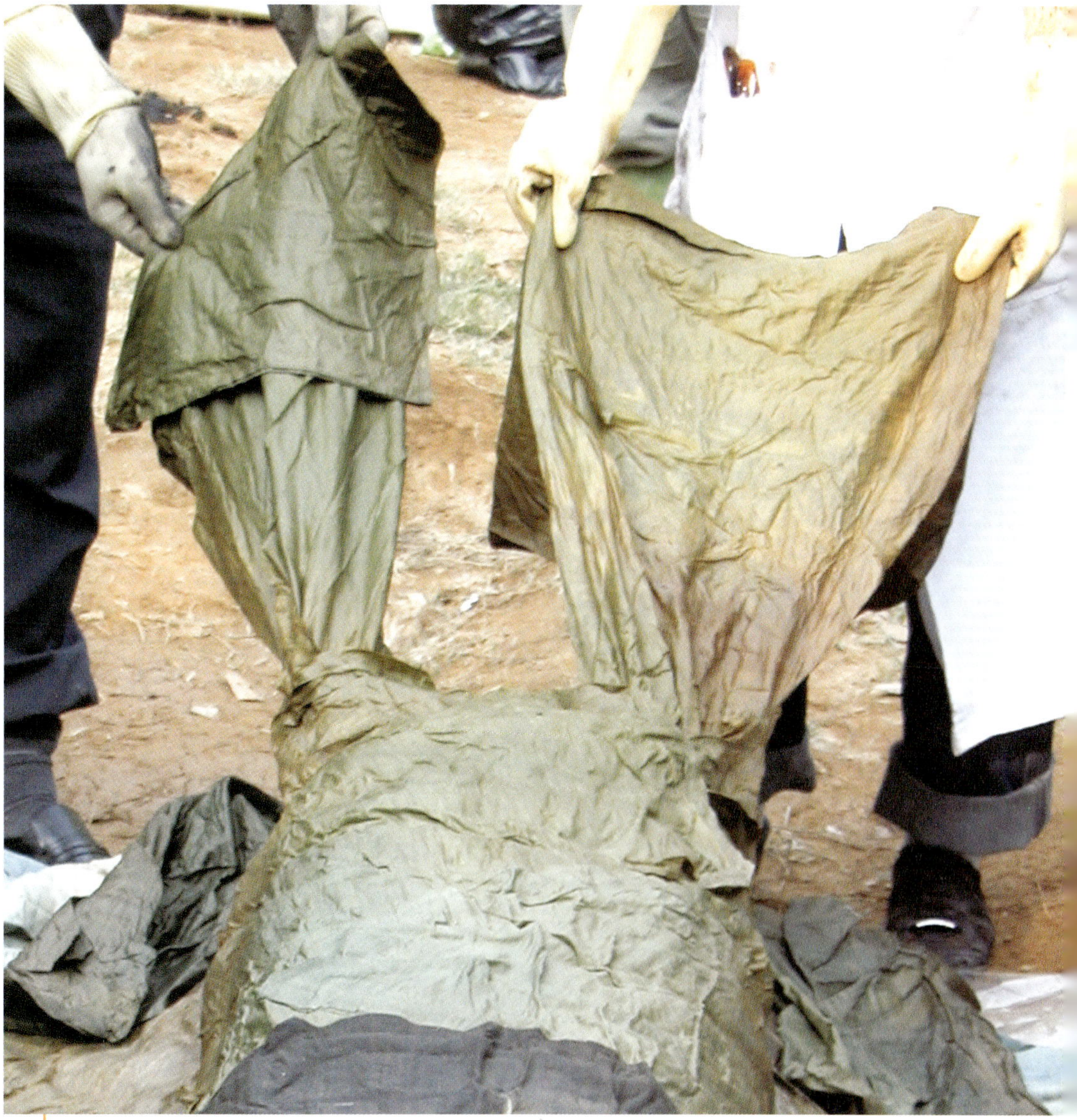

창의의 소매를 펼치고 있는 모습

Spread out view of *Chang-ui* as the innermost layer, which wrapped the top portion of the corpse of *Dae-ryeom*

대렴 중 가장 속에서 상부를 싸준 옷이다. 깃이 위를 향하여 머리까지 덮어주었다. 현재 동정과 고름은 탈락되어 없다. 형태는 겉깃은 칼깃 모양이고, 소매는 진동에서 사선형으로 커지다가 끝에서 두리소매형이 된다. 겨드랑이에는 사각 접음 심각무가 달렸으며, 옆선에는 긴 사다리꼴 큰무를 달아주어 아래로 넓게 퍼진다. 뒷길 고대 중심에서 47cm를 내려와 도련까지 길게 뒤트임을 주었다. 수의로 쓰인 겹 창의[No.12101]와 구성은 동일하나, 품이 더 좁고 길이도 길어서 날렵한 느낌을 준다. 겉섶을 비롯한 가장자리를 두 땀 상침으로 둘러주었다.

No.12123

솜누비 중치막 中赤莫

Jungchimak,
Man's coat with long side slits

재질 명주, 명주, 솜

치수 길이 128.5㎝, 화장 100㎝, 뒤품 41㎝, 진동 24.7㎝, 수구 21㎝

소렴 다리 사이에 세로로 놓아준 소매

소매 2짝을 펼친 모습

대렴 하부를 덮어준 중치막 몸판 모습
Jungchimak which enclosed the bottom portion of *Dae-ryeom*

소매와 몸판을 잘라서 소렴과 대렴에 각각 넣어주었다. 소매의 경우, 소렴 도포[No.12118]를 펼친 후 다리 사이에 놓아주었으며, 바로 아래로는 솜누비 바지[No.12117]가 있었다. 몸판 중치막은 깃을 아래로 향하게 하여 대렴의 하부를 덮어주었다. 보존 처리시 소렴에 있는 소매와 합쳐서 완형을 찾아주었다.
형태는 깃 모양은 칼깃 형이며, 소매는 진동에서 사선형으로 커지다가 소매 끝에서 두리소매형이 되는 전형적인 1600년대 전반기 소매 양식이다. 겨드랑이에 작은 사각접음삼각무가 달리고 옆선에는 사다리꼴 무를 부착하고 아래쪽으로 길게 옆트임을 주었다. 트임 시작부에는 미어짐을 방지하기 위하여 1㎝ 정도 곱게 박음질하였다. 겉감과 안감 사이에 솜을 두어 줄줄이 누벼준 누비옷이며, 겉섶과 옆트임, 도련의 가징자리는 별단으로 선단 처리하였다. 이 옷은 상례 복식 중 가장 옷 품이 작기 때문에 수례지의(襚禮之衣)의 가능성이 있다.

진동점의 사각접음삼각무 모습

옆트임과 도련의 별단, 안섶의 바느질 모습

No.12124

솜누비 중치막 中赤莫

Jungchimak,
Man's coat with long side slits

재질 명주, 명주, 솜
치수 길이 139cm, 화장 112.5cm, 뒤품 53cm, 진동 29.5cm, 수구 25cm

중치막 소매를 펼친 모습

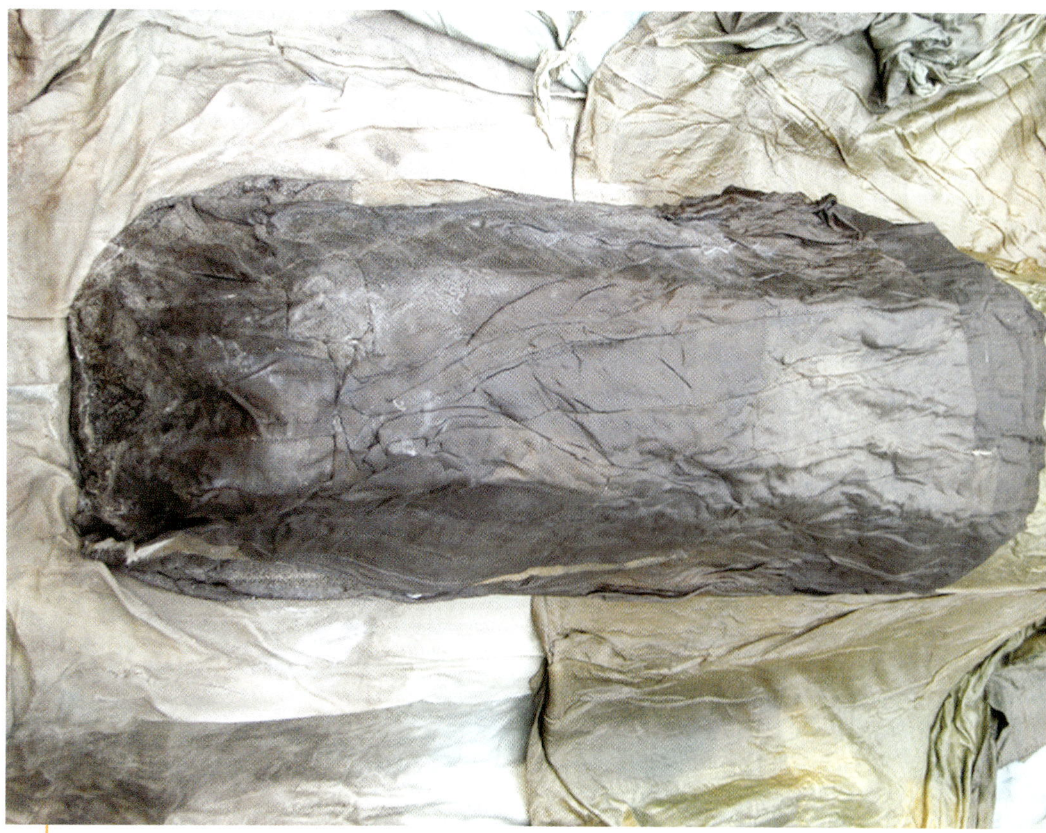

도포를 펼친 후 드러난 중치막 모습

Jungchimak wrapped after *Do-po.*

가장 겉에 있었던 도포를 펼친 후 그 다음으로 놓아준 중치막이다. 허리부터 발까지 하부를 싸주었다.
형태는 전형적인 중치막의 특징을 보인다. 겉깃은 칼깃형이고, 옆선에 사각접음삼각무와 사다리꼴 무가 달리고 옆자락에 긴 트임을 주었다. 가장자리를 뒤집어 박은 후 솜을 두어 누벼주었다. 소매는 진동에서 수구까지 둥글게 굴려진 완만한 붕어 배래 형태인데, 묘주에게 넣어진 다른 중치막 소매 형태와는 차이를 보인다.

소매를 누벼준 모습

뒤집어 박은 가장자리 솔기 모습

겹 도포 道袍

Do-po,
Nobleman's coat worn for outdoor activities and ceremonies

재질 명주, 명주

치수 길이 144cm, 화장 121cm, 뒤품 55cm, 진동 30.5cm, 수구 25cm

대렴금을 펼친 후 가장 겉에 싸준 도포 모습
The outermost *Do-po*.

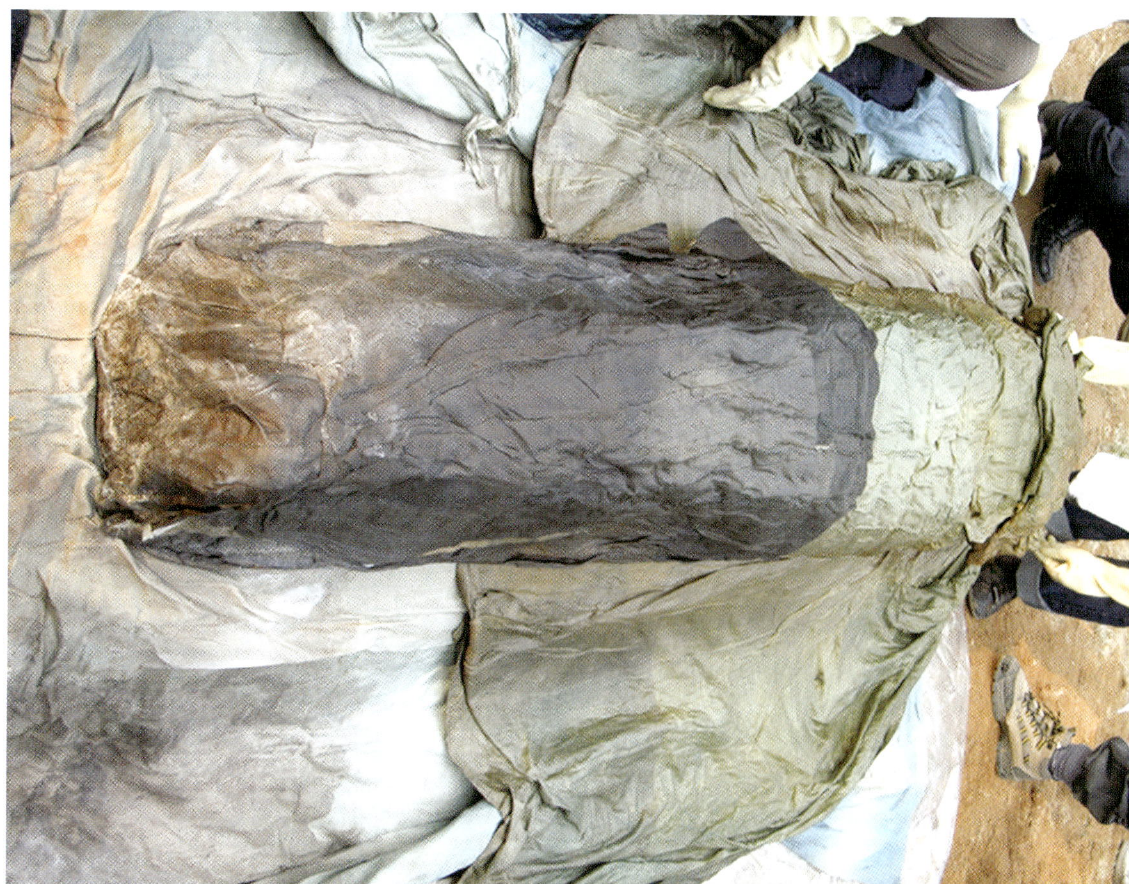

상부의 도포를 펼친 후, 하부쪽 중치막과 위쪽에서 싸준 창의가 보임

대렴 중에서 가장 겉에 싸준 옷으로 대렴 중에서 가장 좋은 옷이다. 『주자가례』와 『상례비요』의 '대렴에서 좋은 옷이 밖에 있다[大斂, 美者在外]'는 원칙이 적용되었다.

형태는 깃 모양은 칼깃형이며, 소매는 진동에서 사선형으로 커지다가 소매 끝에서 두리소매형이 된다. 앞자락은 창의와 비슷하고 뒷자락은 뒷길과 이엽삼으로 두 층을 이루고 있다. 이엽삼[선삼]은 어깨바대 없이 진동점과 맞닿는 선상의 안쪽 등판에 직접 감침질하여 부착하였다.

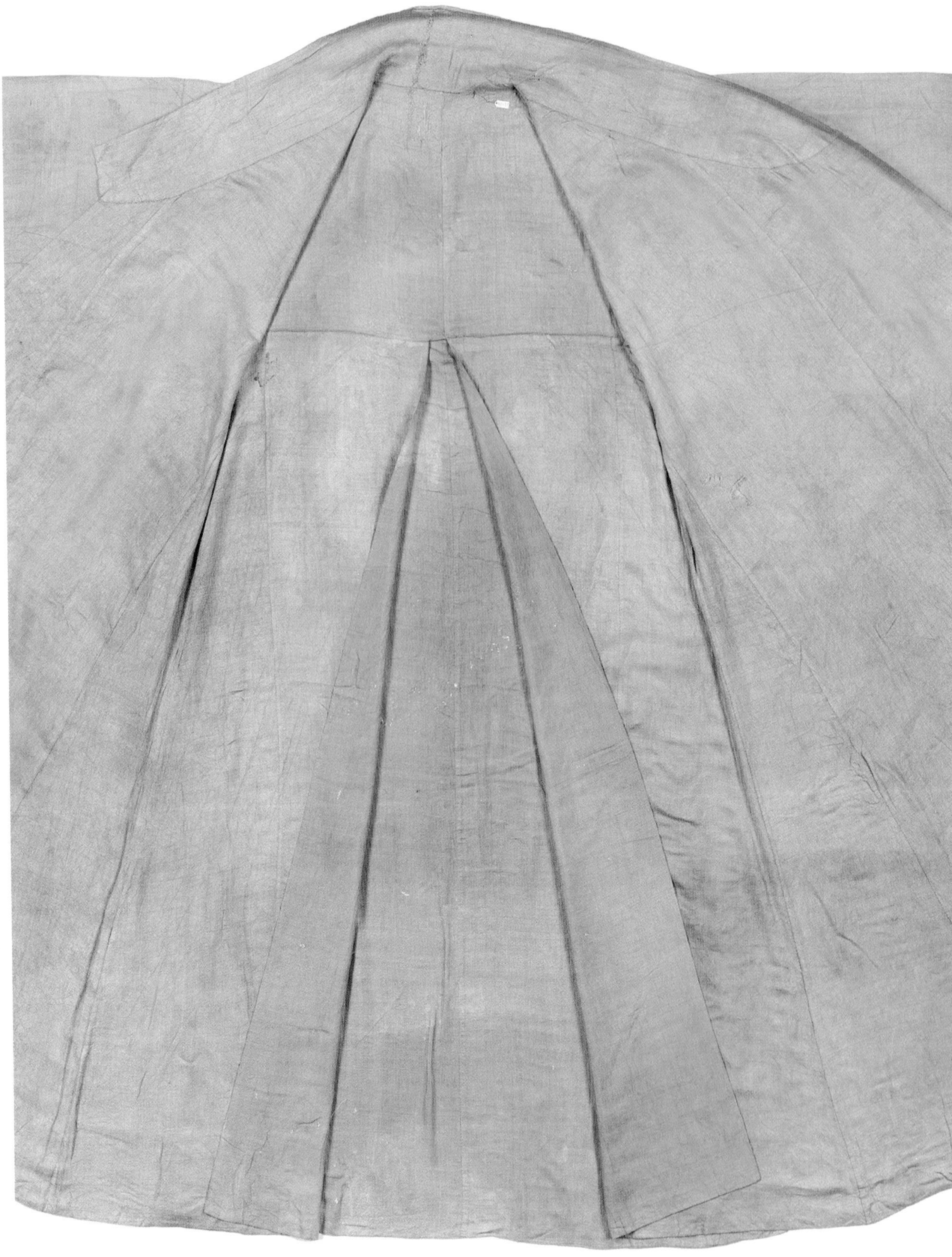

등판에 직접 부착된 이엽삼 모습

뒷길 안에 층을 이룬 이엽삼 모습

No.12126

대렴금 大殮衾

Dae-ryeom-geum,
A blanket to wrap the corpse during the Dae-ryeom

구성 솜
재질 면포, 화조문단[새1, 2, 국화, 연꽃, 모란, 매화, 경, 극], 무명, 솜
치수 세로 216cm, 가로 190cm, 두께 1.5cm

겉감 깃의 화조문단(花鳥紋緞)
[1 완전 무늬: 가로 13cm, 세로 15cm]

대렴금을 펼친 모습. 상부에 싸준 도포와 하부의 중치막이 드러나 보인다.

소렴한 시신을 다시 옷으로 싼 후 솜이불을 왼쪽으로 여밈하여 싸주었다.
이불은 겉감과 안감 사이에 솜을 두텁게 두어 만든 솜이불이다. 겉감은 동정[면포], 깃[화조문단], 길[무명]로 구성되어 있으며, 안감은 무명으로 만들었다.

No.12127 / No.12128

대렴포 大殮布 종대 縱帶, 횡대 橫帶

Dae-ryeom-po,
A wide strap to enclose the corpse during the Dae-ryeom

재질 삼베

치수 종대: 길이 510cm, 폭 25cm
횡대: 길이 172~195cm 폭 30cm

종대와 횡대의 교차 모습을 보여주기 위해 뒤집은 상태임.

염포로 가로 세로를 묶어준 모습

대렴 종대를 펼치는 모습

소렴한 시신을 다시 옷으로 싼 후 솜 이불을 싸주고 염포를 가로, 세로로 묶어주었다. 소렴 염포와 같이 종대는 3매, 횡대는 15매로 묶음하였다.

4

보공과 치관제구

補空 治棺諸具

Bo-gong,
Filling the empty spaces of the coffin with clothing

Chi-gwan-jae-gu,
Items to decorate the coffin

시신이 관 안에서 움직이지 않도록 빈 공간에 채워넣는 옷 등을 보공이라 하며, 넓은 의미로는 대렴에 속한다. 치관제구는 관을 꾸미는 물품들이다.
성급의 보공은 칠성판(七星板)-지요[地褥]-초석(草席)-베개-대렴(大殮) 순으로 올려준 시신을 들어 관 안에 넣은 후, 관의 빈 곳을 헤아려 옷을 채워주었다. 공간은 빈틈이 없이 꽉차게 하였으며 옷을 뒤집어 놓거나 거꾸로 놓더라도 가지런하게 놓았다. 또한 생시에 빠진 이[齒]와 자른 손톱과 발톱을 관 모서리에 채워 넣어주었다. 관의 겉은 구의(柩衣)로 꾸며 준 후 명정을 놓아주고 상부 좌우로 폐백[현훈]을 놓아주었다. 그리고 회곽(灰槨)과 목관 사이 옆면 상하 좌우에 삽(揷)을 끼워놓았다.

The empty spaces in the coffin were filled with clothing of Seong Geup and his acquaintances such as family members or friends. The spaces were to be filled fully and despite having to place the clothing turned inside out or upside down, they were arranged neatly. Also the missing teeth and cut nails of the hand and feet were put into a *So-nang*(a small pouch) and placed in the corner of the coffin.

염습 재구성	유물번호	구분	유물명	상태 조사 시 유물 모습	유물 수습 순서	수습 상황과 유물 상태
36	B012129	보공	좌수낭		17	대렴 겉면 상부 우측 지점에 치아쌈지 2개[No.12132, No.12133]와 함께 좌수낭이 끼워져 있었음.
39	B012130	보공	좌족낭		18/19	대렴 겉면 하부 좌우측에서 발견.
40	B012131	보공	우족낭			
37/38	B012132	보공	치아 쌈지		17	좌수낭[No.12129]과 함께 있었음.
	B012133	보공	치아 쌈지		17	좌수낭[No.12129]과 함께 있었음.
41	B012134	보공	치아 쌈지		-	-
42/43	B012135	보공	치아 쌈지		16	광다회[No.12137]와 함께 있었음.
	B012136	보공	치아 쌈지		16	광다회[No.12137]와 함께 있었음.
44	B012137	보공	광다회	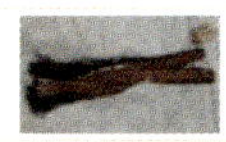	16	보공을 완전히 수습한 후 대렴 겉면 좌측 중간 위치에 길게 4번 접어 놓아줌.
45	B012138	보공	소모자		15	최상부 우측 모서리에 끼워줌.
46	B012139	보공	홑바지		14	솜바지 수습 후 같은 위치(관 하부)에 홑바지와 겹바지가 발을 에워싸듯이 끼워져 있었음
47	B012140	보공	겹바지		13	
48~53	B012141	보공	겹 직령		12	6조각으로 분리하여 상부 좌측과 머리 꼭대기 부분 빈 공간에 접어서 끼워줌.
54~56/59~60	B012142	보공	솜누비 중치막		11	5조각(뒷길, 겉섶, 안섶, 소매 2짝)으로 분리하여 반씩 접어서 상부에 차례로 놓아줌. 깃은 아래를 향함. 소매 2짝은 상부 좌우측면 빈 공간에 길게 끼워줌.
61~65	B012143	보공	솜바지		10	5조각으로 분리하여 하부 측면 좌우측 빈공간에 끼워줌.
57~58/66~72	B012144	보공	솜누비 중치막		9	9조각으로 분리하여 상하부와 좌우 측면 빈 공간에 끼워줌.
73~77	B012145	보공	겹 중치막		8	5조각(소매2, 겉섶, 안섶, 뒷길)으로 분리하여 상하부와 좌우 측면에 놓거나 끼워져 있었음. 깃 부분이 위를 향함.
78~79	B012146	보공	홑 철릭		7	소매를 접고 깃이 아래로 향한 상태로 길게 놓여짐. 탈착식 소매는 철릭 몸판 밑에 있었음.
80~81	B012147	보공	겹 창의		6	관 뚜껑을 열었을 때 4조각(소매 2짝, 길 2개)으로 분리하여 가장 위에서 상부와 하부에 놓여 있었음. 깃이 아래쪽을 향함.
82	B012148	보공	베개		50	초석 위 상부에 놓임.
83	B012149	보공	초석		51	지요 위에 깔아줌.
84	B012150	보공	지요		52	초석 밑에 깔려 있었음.
85	B012151	치관제구	관내의(뚜껑부분)		5	관 뚜껑 안쪽 면에 부착되어 있었음.
86	B012152	치관제구	구의		4	관을 덮고 있었음.
87	B0121553	치관제구	명정		3	구 의 위에 놓여 있었음. 宣務郞軍資監主簿成公之柩(선무랑군자감주부성공지구)
88	B012154	치관제구	현		2	명정 위 좌우에 놓여 있었음.
89	B012155	치관제구	훈			
90	B012156	치관제구	삽		1	관과 회곽 시이 상하좌우측에 끼워져 있었음.

No.12129 / No.12130 / No.12131

소낭 小囊: 좌수 左手, 좌족 左足, 우족 右足

So-nang,
A small pouch where nails of the hand and feet were placed in

재질 명주
치수 가로 2.2~3㎝, 세로 3~3.5㎝

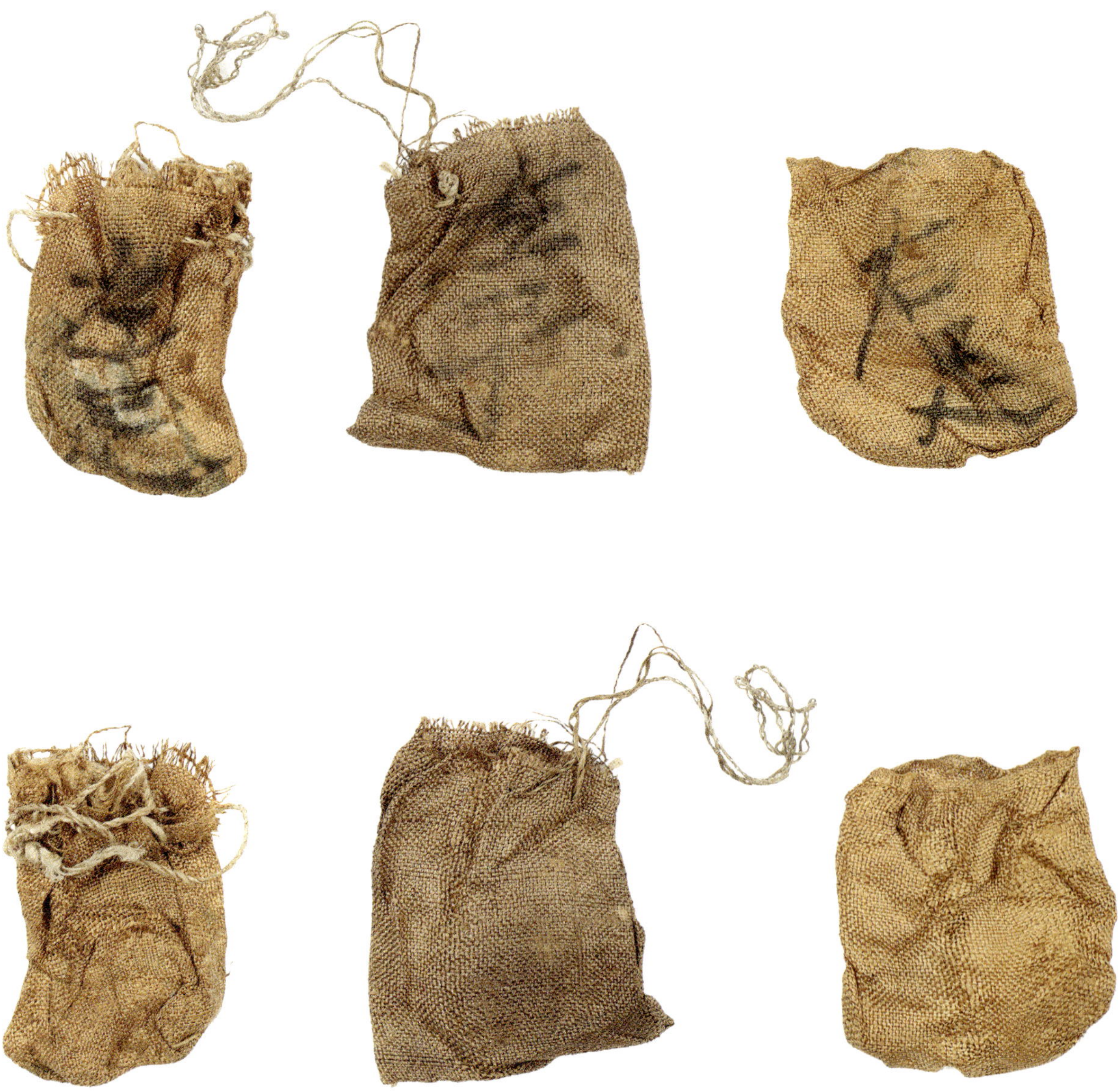

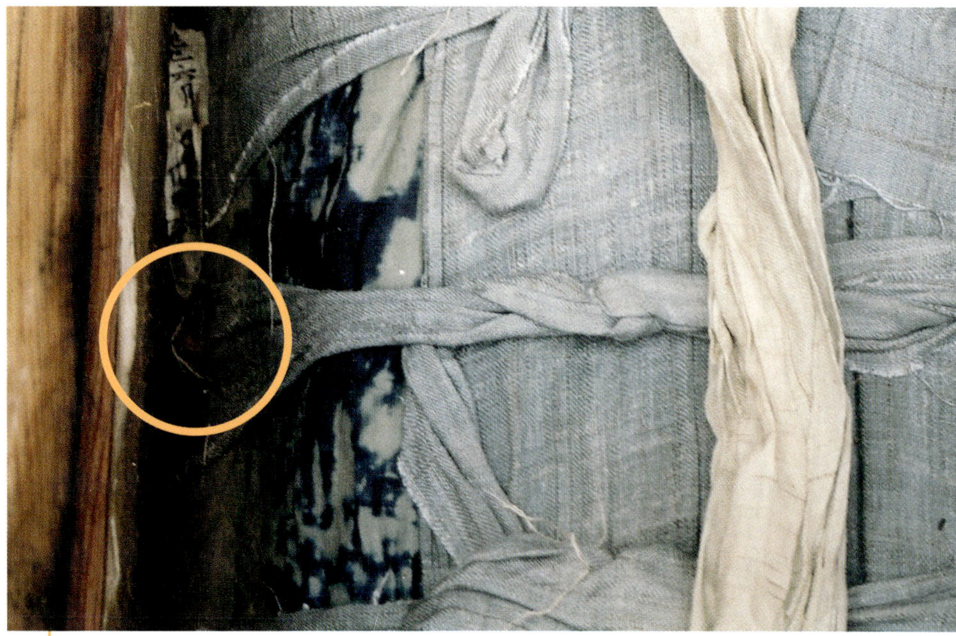

우측 상부에서 좌수 낭 발견

하부 좌우측 아래에서 좌족, 우족 낭 발견

So-nang placed in the top and bottom sides of the coffin

대렴한 시신을 들어 관 안에 넣고 자른 손톱과 발톱을 넣은 주머니[小囊]를 관 모서리에 넣어주었다. 주머니 겉에 손과 발의 좌우를 각각 묵서로 써주었는데, 현재는 좌수(左手), 좌족(左足), 우족(右足)만 남아 있다.

치아 쌈지 落牙

Nak-chi,
To gather the missing/lose teeth

재질 -

치수 가로 16~18.8㎝, 세로 8~15.5㎝

좌측 상부에서 광다회와 함께 채워준 치아 쌈지 2개 No.12135, No.12136

Teeth that were lost during one's lifetime were wrapped in *Han-ji*(traditional paper) with the date written and placed in corners.

우측 상부에서 좌수낭과 함께 끼워준 치아 쌈지 2개

생시에 빠진 이[落牙]를 한지에 싸서 날짜를 적고 관 모서리 여러 곳에 채워 넣어주었다.
단국대학교치과대학 부속치과병원에서 X-ray 촬영을 통해 치아를 분석해 본 결과 묘주의 치아라고 확신할수는 없으나 모두 한 사람의 치아로 밝혀졌다.

[No.12132] - '己巳(1569)五月二十二日落/左下第2牙'라 묵서 되었다. 하악(下顎) 좌측 두 번째 이로 추정된다.

[No.12133] - '己巳(1569)六月十五日落/右上第1牙'라 묵서 되었다. 같은 해에 빠진 상악(上顎) 우측 첫 번째 치아이다.

[No.12134] - '丙寅(1566)五月四日_落右○○'라 묵서 되었다.

[No.12135] - '丙寅(1566)五月四日落/右上第2牙' 상악 우측 두 번째 치아이다. 현재는 종이만 남이 있다.

[No.12136] - 落牙

No.12137

광다회 廣多繪

Gwang-da-hoe,
Flat waist cord

재질 견사

치수 길이 295cm, 너비 1.7cm, 술 길이 20cm, 망 길이 5.3cm

폭이 넓고 납작한 모양의 띠로 비단실로 다회를 치고 양끝에는 망과 꼬아진 술을 장식하였다.

다회 부분은 2/2 사선 엮음[실이 짜여질 때 양쪽 모두 두 칸씩 건너가면서 사선 방향으로 짜여지는 방식] 편조(扁組, 직조처럼 교차되면서 짜여지는 넓은 끈)이다. 다회의 끝부분은 술 속에서 마감되었는데, 끝부분을 접어 그 위를 꼰 실로 여러 번 감아 두께를 줄이고, 그 사이를 바늘로 몇 땀 떠서, 절단된 단면이 보이지 않도록 정리하였다.

술부분은 머리 쪽 망(網) 장식과 아래쪽 수술 부분으로 나누어지는데, 망 장식은 망수 기법을 사용하였다. 망수(網綬) 기법은 2벌 고리 엮음을 사용하여 만드는 것으로 합사(合絲)한 실을 가로 기둥으로 세우고, 다른 실을 서로 엮어 가며 문양을 만드는 방법이다. 망장식 아래로 달아준 수술은 끝부분에 바늘구멍이 없는 형태로 오른쪽으로 꼬인 S 꼬임으로 120여 가닥이다. 망장식 안으로 검은색으로 보이는 물질이 확인되는 것으로 보아 원래는 망 사이에 금전지를 넣어 만들었을 가능성도 있다. 글: 박진영(동림매듭공방)

좌측 상부에 광다회를 끼워 놓은 모습

Gwang-da-hoe was folded lengthily and placed on the top left.

보공을 완전히 수습한 후 대렴 겉면 좌측 중간 위치에 길게 4번 접어 놓아주었다. 접힌 부분 끝에는 치아가 들어 있는 치아 쌈지 2개 [No.12135, No.12136]를 겹쳐 함께 놓아주었다.

No.12138

소모자 小帽子

So-moja,
Man's cap

재질 무명, 솜, 풀솜

치수 높이 25cm, 둘레 60cm, 끈 길이 46cm, 끈 너비 1.2cm

목관 윗 쪽 모서리에 끼워 놓은 소모자 모습

A cap was placed in the top corner of the wooden coffin.

소모자를 꺼내 놓은 모습

신분의 구별 없이 사용하였던 모자의 하나이다. 목관의 가장 위쪽 모서리에 놓여 있었다.
겉감은 아청색 무명을 사용하고, 안에는 두터운 면솜을 넣어 형태를 잡아 준 후 면솜 위로 풀솜을 얇게 펴주었다. 별도의 안감을 대어주지 않아 안쪽의 솜이 그대로 드러나 있다. 정수리에는 무명으로 만든 연봉 매듭을 붙여 장식하였다. 귀밑 좌우에는 가느다란 끈을 달아주었다.

No.12139

홑 바지 袴

Baji,
Man's unlined pants

재질 무명

치수 총길이 104cm, 허리(½) 52 × 15.5cm, 둔부(¼) 46cm, 부리 26.5cm

No.12140

겹 바지 袴

Baji,
Man's lined pants

재질 면포

치수 총길이 104.5cm, 허리(½) 55 × 14cm, 둔부(¼) 48cm, 부리 28cm

하부 좌우와 밑의 빈 공간 사이에 바지를 세로로 접어 끼워준 모습

Pants were folded vertically and placed on the left, right and lower sides of the bottom portion.

바지를 빼내어 펼친 모습

대렴을 넣이준 관 하부의 좌.우측과 아래에 홑바지와 겹바지가 발을 에워싸듯이 끼워져 있었다. 모두 사폭바지 형태이다.
홑바지의 경우 배래는 옛쌈솔, 직선 이음선은 통솔, 사폭 이음선은 쌈솔로 바느질하였다.
겹바지는 허리둘레 상부와 부리의 가장자리를 홈질로 상침하여 둘러주었다.

No.12141

홑 직령 直領

Jing-nyeong,
Man's coat with a straight collar

구성 홑
재질 삼베, 마포
치수 길이 135cm, 화장 117cm, 뒤품 55cm, 진동 30cm, 수구 20.5cm

측면 틈새에 직령 조각을 길게 끼워 놓은 모습
Pieces of Jing-nyeong placed lengthwise.

직령 조각을 펼친 모습

관 꼭대기에 직령 조각을 끼워 놓은 모습
Jing-nyeong was divided into six pieces and placed on the top, left, right empty sides.

직령 조각을 펼친 모습

6조각으로 분리하여 상부 좌측과 머리 꼭대기 부분의 빈 공간에 접어서 끼워주었다.
수의로 입은 홑직령[No.12192]과 형태, 구성, 바느질 등이 유사하나 앞무와 뒷무의 크기가 같게 만들어진 것이 다른 점이다.
왼쪽 무는 상부가 삼각형으로 접힌 상태이며, 오른쪽 무는 상부의 접힌 부분이 펼친 상태로 수습되어 그대로 보존하였다.

No.12142

솜누비 중치막 中赤莫

Jungchimak,
Man's quilted coat with long side slits

재질 명주, 명주, 솜

치수 길이 130cm, 화장 104cm, 뒤품 37cm, 진동 24cm, 수구 23cm

분리한 옷 조각을 반으로 접어 상부에 놓은 모습

뒷길 조각을 펼친 모습

겉섶 조각을 펼친 모습

안섶 조각을 펼친 모습

Jungchimak divdided into five pieces and placed on the top.

5조각(뒷길, 겉섶, 안섶, 소매 2짝)으로 분리하여 반으로 접어서 상부에 차례로 놓아주었다. 소매 2짝은 상부 좌.우측면 빈 공간에 길게 끼워주었다.

형태는 깃 모양은 칼깃 형이며, 소매는 전형적인 17세기 전반기 소매 양식이다. 겨드랑이에 작은 사각접음삼각무가 달리고 옆선에는 사다리꼴 무를 부착하고 아래쪽으로 길게 옆트임을 주었다. 이 옷은 대렴의 중지막[No.12123] 처럼 옷 품이 매우 작아 묘주의 옷으로 보기에는 어려우며 수레지의의 가능성이 있다.

No.12143

솜 바지 袴

Baji,
Man's padded pants

구성 솜
재질 무명
치수 바지 길이 92㎝, 허리 너비 16㎝

5조각으로 분리하여 목관 하부 빈틈에 끼워준 모습

바지 조각을 펼친 모습

Pants divided into five pieces and placed in the bottom empty spaces.

5조각(허리말기, 마루폭 2개, 큰사폭, 작은사폭)으로 분리하여 목관의 하부 밑, 좌.우측의 빈 공간에 끼워주었다. 사폭바지 형태이다. 분리된 그대로 보존하였으며, 허리말기는 일부만 남아 있다.

No.12144

솜누비 중치막 中赤莫

Jungchimak,
Man's quilted coat with long side slits

재질 명주, 명주, 솜

치수 길이 134cm, 화장 108.5cm, 뒤품 54cm, 진동 28cm, 수구 21cm

하부에 겉섶, 상부에 안섶을 놓은 모습

상부에 뒷길 일부 접어놓음

오른쪽에 소매 끼워져 있음

소매 펼친 모습

Jungchimak divided into nine pieces and placed in the empty spaces of left, right, top and bottom sides.

9조각으로 분리하여 목관의 위아래와 좌우 측면의 빈 공간에 끼워 두었다. 관 최상부에 길 상부 조각, 중심부 좌우에는 섶조각을 끼워 놓았고, 하부 측변에는 겉섶쪽 길조각을 길게 접어 넣었다. 뒷길 일부는 반으로 접어 상부에 놓아주었다. 소매 2개는 솜누비중치막[No.12142]의 소매 아래에 상부 좌우측면에 길게 끼워져 있었다.

No.12145

겹 중치막 中赤莫

Jungchimak,
Man's coat with long side slits

재질 무명, 무명

치수 길이 127cm, 화장 101cm, 뒤품 50cm, 진동 28cm, 수구 19cm

5조각으로 분리한 것을 겹쳐 놓은 모습

겉섶 조각을 펼친 모습

좌우측에 소매를 끼우고 아래에 안섶을 놓아준 모습

안섶을 펼친 모습

Jungchimak divided into five pieces and placed into empty spaces or spread out.

5조각(소매2, 겉섶, 안섶, 뒷길)으로 분리하여 좌우, 상하 틈새에 끼우거나 놓아주었다. 안섶은 길게 하여 깃을 위쪽으로 향하게 하고 하부에 놓았다. 뒷길은 접어서 상부에 놓아주었다. 뒷길이 놓여 있는 좌우 측면에 소매 2짝을 길게 접어 끼워주었다. 겉섶을 길게 접어 깃을 위로 향하게 하여 하부에 놓아주었다.

이 옷은 앞서 소개한 중치막들과 같은 조형성을 가지고 있다. 바느질의 경우, 소매는 2겹 바느질로 완성한 후 시접끼리 시침하여 주어 소매의 겉과 안이 서로 분리되지 않도록 하였다. 옷을 완성한 후 모든 가장자리의 끝을 박음질로 상침하여 둘러 주었다.

가장자리를 박음질로 상침하여 준 모습

No.12146

홑 철릭 天翼

Cheolrik,
Man's coat with pleats

재질 모시

치수 길이 139cm(衣48 +裳91) 화장 127.5cm, 뒤품 54cm, 진동 27cm, 수구 24cm

철릭이 놓인 모습

철릭을 펼친 모습
Cheolrik placed lengthwise with collar facing downwards.

깃이 아래로 향한 상태로 관 내부 전체에 길게 덮여 있었다. 탈착식 소매는 몸판 밑쪽에 놓여 있었다. 동정과 고름은 탈락되었으며 2쌍 고름 흔적이 남아 있다.
형태는 칼깃이 달린 상의에 주름치마 형태의 하의로 구성되어 있으며 하의가 상의보다 길다. 주름은 허리선에서 1.5cm 정도로 넓게 잡혀 있다. 소매 형태는 17세기 전반기 양식이며, 왼쪽 소매를 탈착식으로 만들었다. 몸판과 탈착 소매는 7㎝가 겹쳐지며, 상하 1쌍, 중간 앞뒤 2쌍씩 단추를 달아주어 여밈하였다. 홑옷이므로 어깨바대는 가로는 온폭을 그대로 사용한 일자형이며 겨드랑이 바대는 갈고리형으로 허리바대 안쪽으로 내려와서 달렸다. 선단은 겉싶딘과 수구는 별단이며 도련은 모두 제물단이다. 상의와 하의 연결은 박음질과 옛쌈솔을 사용하였다.

No.12147

겹 창의 氅衣

Chang-ui,
Man's lined coat with center back slit

재질 명주, 명주

치수 길이 135cm, 화장 106.5cm, 뒤품 50cm, 진동 30cm, 수구 22.5cm

창의를 4조각으로 분리하여 위아래 쪽에 놓은 모습
Chang-ui divided into four pieces and placed on top and bottom sides.

창의 조각 수습 모습

관 뚜껑을 열었을 때 가장 위에 놓여 있었다. 4조각(소매 2짝, 길 2개)으로 분리하여 상부와 하부에 펼쳐 놓았는데, 하부는 깃이 아래쪽을 향하였다.
앞서 소개한 창의와 비교했을 때, 형태, 구성, 바느질 등이 비슷하다.

No.12148

베개

재질　연화문단(베개) / 명주(베갯잇)

치수　베개 가로 32cm, 베개 세로 15cm, 베갯잇 가로 32.5cm

앞면

뒷면

No.12150

지요 地褥

Ji-yo,

A mattress on which a body is laid in a coffin

구성　솜

재질　명주, 무명

치수　너비 上40cm, 너비 下32.5cm, 길이 166cm

No.12149

돗자리 席

재질　초(草), 명주

치수　길이 154cm, 너비上 39cm, 下32cm

No.12151

관내의 조각

구성　홑

재질　명주

치수　가로 上30cm, 가로 下24cm, 세로 170.5cm

돗자리[席] 위에 베개가 놓인 모습

칠성판(七星板) 위에 지요[褥]를 깔고 돗자리[席]를 놓은 후 머리 쪽에 베개를 놓아주었다.

관 내부 상하, 좌우, 뚜껑 안쪽 면에 종이와 마포를 붙인 후 관내의를 붙여주는데, 출토 당시에 목관 뚜껑 안쪽에 부착된 관내의만 수습하였다.

구의 柩衣

Guui,
A kind of blanket to cover the coffin

구성 홑
재질 화문능(花紋綾)
치수 길이 190cm, 너비 上54cm 下48cm, 길이 50cm

절지형 작은 꽃무늬

No.12153

명정 銘旌

Myeong-jeong,
A funeral banner[streamer], with an inscription of the name and the rank of the deceased

구성 홑
재질 초(綃)
치수 길이 223cm, 너비 56cm

목관을 구의로 덮어주고 위에 명정을 깔고 현훈을 놓아준 모습
Wooden coffin covered by old clothing and topped funeral banner

목관을 구의로 씌워주고 그 위에 명정을 올린 후 상부 좌우에 현훈을 놓았다.
명정은 상(喪)을 치를 때 축에 매달아 빈소(殯所)에 설치하였다가 장지에 들고 가서 하관하면서 관 위에 놓는다. 『주자가례』에는 강백(絳帛: 붉은 비단)으로 만들고 너비는 옷감의 온 폭을 사용한다 하였다. 명정의 바탕에는 '宣務郎軍資監主簿成公之柩(선무랑군자감주부성공지구)'라는 글자가 묵서되어 있다.

No.12154 / No.12155

현 玄, 훈 纁

Hyeon-hun,
A folded black and red piece of cloth placed on top of the streamer during the funeral rite

재질 명주
치수 너비 33㎝, 높이 389㎝

발굴 당시 폐백이 접혀 있는 모습

No.12156

삽 揷

Sap,
A tool placed around the coffin to wish the soul of the dead to soar

재질 목재
치수 높이 46㎝, 너비 37㎝

삽을 관과 회곽 사이 상하좌우 틈에 끼움
Sap, placed left and right between the coffin and outer cast.

화보

Pictorial

畫譜

평창이씨 복식

Clothing of Yi of Pyeong-chang, Excavated garments from the grave of Yi of Pyeong-chang

2

平昌李氏 服飾

No.12157

저고리 赤古里

Jeo-go-ri,
Woman's jacket

재질 화조문단[새1, 2, 월계, 매화, 모란, 석류], 연화문단(깃), 명주
치수 길이 60cm, 화장 75cm, 품 51cm

평창이씨의 관에서 2개의 칠성판으로 염한 것이 확인되어 성급 이전에 이미 한 번의 이장이 있었음이 확인되었다. 따라서 출토된 유물이 견섬유만 남아있고 소략하며, 상태도 좋지 않은 편이다.

이 유물은 평창이씨 중에서 유일한 완형의 옷이다. 겉감은 화조문단[새1, 2, 월계, 매화, 모란, 석류]이며 안감은 명주로 만든 겹 옷이다. 겉감과 안감 사이에는 풀솜이 남아 있다. 깃은 몸판과 달리 별색의 연화문단을 사용하였다. 겉깃은 내어 달린 목판깃, 안깃은 반 들여 달린 목판깃형태이며, 넓은 동정을 달아주었다. 옆선에는 한 쪽무를 달아주어 도련으로 갈수록 넓어지고 곡선화되었다.

No.12156

장옷 長衣

Jangot,
coat

재질　무문단
치수　길이 127cm, 화장 67cm, 품 67cm

겉감은 무문단, 안감은 명주로 만든 겹 상태이다. 겉깃과 안깃이 들어달린 목판 깃 형태이며, 일자형 소매 끝에는 명주로 만든 끝동이 달려있다. 옆선의 겨드랑이에는 화문단 사각접음삼각무가 달리고 그 옆에 사다리꼴 큰무를 달아주었다. 옷감이 매우 퇴화되어 기본 치수만 확보하였다.

개당고 開襠袴

Gaedang-go,
Woman's pants with open crotch

재질 명주
치수 길이 80~85cm, 1폭 34cm

치마 赤亇

Chi-ma,
Skirt

재질 명주
치수 길이 86~92cm, 폭 9폭+10(1폭 34cm), 말기 87.5 × 4.2cm

No.12161

이불

재질 명주, 화문단
치수 길이 210cm, 너비 160cm

No.12162

폐백[현]

No.12163

폐백[훈]

No.12164

관내의 조각

재질 명주
치수 현 188×31.5cm, 훈 334×28cm,
관내의 조각 152×上33 下27.5cm

논고

Research paper

論考

성급成汲 부부 합장묘 출토 복식의 구조 분석

The Analysis of the Structure of Excavated Garments from the Tomb of Seong Geup and His Wife.

이 명 은 단국대학교 석주선기념박물관

이 명 은 단국대학교 석주선기념박물관

Ⅰ. 머리말

'출토 복식(出土服飾)'은 단어 그대로 땅에서 나온 옷이다. 엄밀히 말하면, 문중에서 어떤 사유로 조상의 묘를 이전하는 과정에서 시신이 들어있는 목관(木棺) 속에서 발견된 옷들이다. 여기에 관을 꾸밀 때 사용되는 기타 제구들을 포함하면 '출토 유물'이라 부른다. 대부분 조선 시대 양반의 묘에서 발견되며, 망자가 생시에 입었던 옷이나 친지들이 관 속에 넣어준 수례지의(襚禮之衣)로 구성되어 있다. 익히 알려진 바와 같이 1981년 7월 단국대학교 석주선기념 민속박물관 개관 기념으로 개최된 "광주이씨 수의 특별전"[1]이 출토 복식 연구의 시발점이었다. 40년의 역사를 이어오면서 전국적으로 방대한 양이 출토되었고, 지속적인 연구를 통해 묘주를 알 수 없더라도 옷의 조형성만으로도 생존 시기를 판별하는 수준까지 도달하였다. 따라서 출토 복식 하나하나에 대한 구조를 분석하는 것은 복식 연구에 중요한 부분이 되고 있다.

이 글에서 소개하고자 하는 출토 사례의 경우, 묘주의 생몰년이 확실하기 때문에 복식의 구조 분석만으로도 시대 판별 연구 자료가 될 수 있다.

2005년 5월 7일, 경기도 파주시 파주읍 향양리 6번지 창녕성씨 문중에 위치한 성급(成汲, 1553~1621)과 부인 평창이씨(平昌李氏, 17세기 초 추정) 합장묘(合葬墓)에서 다량의 유물이 발견되었다. 성급은 군자감(軍資監)의 주부(主簿, 종6품)를 지낸 인물로, 관 속에서 60점의 유물이 출토되었다. 유물 수습 작업에 복식 전문가가 참여하여 습의(襲衣), 소렴(小殮), 대렴(大殮) 보공(補空)에 이르기까지 염습의 전 과정이 보존된 귀한 자료이다. 부인 평창이씨는 8점이 출토되었는데, 유물의 조형성으로 보았을 때 1600년대 초기로 추정되며 이전에 이미 이장하였던 전례가 있어 남편인 성급보다는 일찍 사망한 것으로 추정된다.

이 글에서는 1600년대 초기까지 생존하였던 성급과 부인 평창이씨의 복식을 개별 분석하여 세부 구조를 파악하고자 한다. 또한 다량의 유물이 수습된 성급의 복식에서 종류별 특징을 뽑아내어 시대 판별 연구 자료의 역할을 하고자 한다.

Ⅱ. 성급의 복식

1. 복식의 종류

성급은 1600년대 초기까지 생존한 인물로, 그의 호가 순학옹(馴鶴翁)이며, 학을 키워 생계를 삼았던 인물로 알려져 있다.[2] 수습한 명정에 "선무랑군자감주부성공(宣務郎軍資監主簿成公)"이라 기록되어 종6품 당하관의 지위임을 알 수 있다. 우계(牛溪) 성혼(成渾, 1535~1598)의 사촌으로 알려져 있으며, 국가민속문화재 제243호 복식의 주인인 이언충(李彦冲,1524~1582)의 매제(妹弟)이기 때문에 유물을 소장 중인 우리 박물관과는 친숙하다.

1) 석주선기념 민속박물관 편(1981), 제1회 수의 특별전.

2) 李廷龜(1564-1635), 月沙先生集(1688) 卷之八, 庚申朝天錄 下. (서울대학교 규장각한국학연구원, 古3428-30)

후손 성기완 님의 증언에 의하면, 성급 부부 합장묘는 원래는 쌍분의 형태로 있던 것을 2004년에 잔디 위만 합분(合墳) 한 것이라 한다. 유물 수습 초기 단계부터 복식 전문가[3]가 참여하였기 때문에, 성급의 관에서 출토된 복식은 염습의 전 과정을 확보할 수 있었다.

성급의 경우 총 60점의 유물을 수습하였다.[4] 종류는 직령 2점, 직령대 1점, 도포 3점, 창의 3점, 철릭 1점, 장옷 1점, 중치막 8점, 저고리류 3점, 바지 8점, 베개 1점, 멱목 1점, 악수 1쌍, 수의용 모자 1점, 소모자 1점, 버선 1쌍, 습신 1쌍, 광다회 1점, 소렴금 1점, 소렴종대 1점, 소렴횡대 1질, 대렴금 1점, 대렴종대 1점, 대렴횡대 1질, 치아쌈지 5점, 낭 3점, 구의 1점, 현 1점, 훈 1점, 명정 1점, 초석 1점, 지요 1점, 관내의 1점, 삽 1질이다.

염습 과정으로 복식을 분류해 본다면, 습의류(襲衣類)는 총 15건이 사용되었다. 겉에서부터 상의는 홑직령[허리띠 포함]-겹창의-솜누비중치막-솜중치막-솜누비저고리-홑적삼 순으로 입었으며 하의는 누비바지-겹바지-홑바지 순으로 입었다. 그 외에 멱목, 모자, 악수 버선과 습신 등이 있다. 소렴(小斂)에는 총 11건이 사용되었는데, 도포 2점, 바지 2점, 저고리 1점, 장옷 1점, 중치막 1점, 중치막 소매, 소렴금, 종대, 횡대 등이다. 이 가운데 중치막 소매 2짝은 보존 처리 후에 대렴에 있는 몸판에 부착하여 대렴에 속해 있다. 따라서 완형의 복식은 10건이다. 대렴(大斂)은 총 7건이 사용되었다. 도포 1점, 창의 1점, 중치막 1점, 중치막 몸판 1점, 대렴금, 종대, 횡대가 사용되었다. 보공(補空)은 복식류는 11점이며 광다회 1점, 소모자 1점, 바지 3점, 직령 1점, 철릭 1점, 중치막 3점, 창의 1점이다. 기타는 11점으로 소낭 3점, 치아쌈지 5점, 베개 1점, 초석 1점, 지요 1점이다. 치관제구(治棺諸具)는 6점으로, 관내의 일부, 구의, 명정, 현, 훈, 삽이다.

1621년까지 살았던 성급의 상례에 조선 중기 학자인 신의경의 『상례비요喪禮備要』의 상례 절차가 얼마나 적용되었을지 가늠할 수는 없으나 『가례(家禮)』를 기반으로 하였기 때문에 적용된 내용은 비슷하였을 것으로 생각된다. 성급의 염습은 『가례』와 『상례비요』의 '좌임불뉴(左衽不紐)' 원칙이 적용되어 수의부터 대렴까지 모든 옷은 왼쪽으로 여밈하였으며, 출토된 옷들에서 고름 끈을 잘라 내거나 묶지 않는 사례가 발견되었다. 또한 넣어준 옷들은 망자가 생시에 입었거나 지인들이 넣어준 것들이다.

3) 단국대학교 석주선기념박물관 발굴조사팀: 박성실(단국대학교 대학원 전통의상학과 교수), 김연자(전통의상학과 석사), 채정민(난사전통복식문화재연구소), 오혜경(전통의상학과 석사과정) *( )는 당시 직책임.

4) 1쌍, 1질은 1점으로 취급하였다.

5) 유물명을 정할 때 동일한 유물의 구분을 위하여 명칭 앞에 구성 명(겹, 홑, 솜, 솜누비)을 부여하였다.

2. 개별 유물의 구조 분석[5)]

1) 직령(直領)

직령은 단령과 형태가 같으면서 깃 모양만 다른 옷이다. 조선 전기에는 사대부의 예복이나 외출복으로, 또는 하급 관리의 관복으로 입혀졌다. 임진왜란 이후에는 단령에 징궈지면서 겹단령의 안감으로 들어가 역할이 변모하였다.

성급의 직령에는 수의로 입은 직령과 직령 대, 그리고 보공으로 넣어준 직령이 있다. 모두 홑 옷이며, 크기는 길이 135~135.5cm, 화장 115.5~117cm, 품 55~58cm의 범위이다.

〈표 1〉 성급 묘 출토 직령

연번	유물번호	구분	유물명	사진	직물(겉/안)	구성	길이(단위: cm)	화장(단위: cm)	품(단위: cm)	진동(단위: cm)	배래(단위: cm)	수구(단위: cm)
1	B012102	습	홑 직령		면포	홑	135.5	115.5	58	27	37.5	17.5
2	B012103	습	직령대		화조문단	겹	248	너비 3.3				
3	B012141	보공	홑 직령		삼베	홑	135	117	55	30	41.5	20.5

① 홑직령[No.12102]

망자의 수의 중 가장 겉옷으로 입었다. 좌임으로 옷을 입히고 허리에는 화조문단 띠를 둘러 앞에서 묶어준 형태로 있었다. 면포를 사용하여 만든 홑 옷이다.

겉깃은 칼깃형이며, 너비 11.5cm의 깃은 안깃 끝으로 갈수록 너비가 줄어들어 9.5cm로 줄어들고 그중 1.5cm 정도가 들여 달린 목판깃형이다. 동정의 흔적은 없다.

겉섶은 옷감 한 폭과 아래쪽에 너비 12.5cm 쪽을 이어 붙여 만들었다. 바느질은 길 쪽은 통솔, 바깥쪽은 3cm 너비 별단을 달아 감침질로 마무리하였다. 겉섶 가장자리에 별단을 붙일 때, 가장자리 시접 끝을 각각 한 번 접어 부착하였기 때문에 겉섶 끝 시접은 4겹 상태이다. 따라서 겉섶의 가장자리는 마치 납작한 끈을 넣은 것처럼 두꺼운 편이다. 안섶의 가장자리는 2cm 제물단으로 선단 처리하였다.

소매는 진동에서 사선형으로 커지다가 소매 끝에서 두리소매형을 띠고 있다. 배래는 엣쌈솔 형식으로 바느질하였다. 수구는 끝을 별단으로 2.5 × 21cm 크기로 단을 접어 감침질로 마무리하였으며 수구 갈라지는 끝부분을 U자 모양으로 2cm 정도 박음질하여 끝을 견고히 하였다. 진동 부분은 안쪽에서 너비 1cm, 길이 5cm 정도의 갈고리형 바대를 부착하였고, 겉면에서는 진동과 무가 만나는 겨드랑이 부분에 가로 2.5cm, 세로 4.8cm 크기의 직사각형 바대를 겉에서 박음질하여 눌러 박았다.

길 중심선 시접은 끝끝이 박음질하였으며, 품보다 도련 쪽이 2cm 정도 넓기 때문에 무를 부착할 때 길 옆선이 사선이 된다. 도련은 1.8cm 제물단 처리하였다. 홑옷이므로, 어깨 안쪽에는 어깨바대를 1.5cm 간격으로 다섯땀 상침하여 부착하였다. 크기는 너비는 32cm로 온폭을 사용하였고, 높이는 앞 9.5cm 뒤 18cm이다.

무는 겨드랑 밑으로 2cm 내려와서 옆선의 앞뒤 · 좌우측에 위로 뾰족하고 길이가 긴 무를 달아주었다. 앞무가 뒷무보다 너비와 길이가 각각 2cm씩 크다. 무는 긴 사다리꼴[上下 차이 3cm]로 만들어 상부를 0.2cm 두 번 접어 홈질로 마무리한 후 삼각 형태로 접어주고 다시 폭 반으로 접어주어 진동점에서 위쪽으로 9.5cm 뻗은 삼각 형태가 완성된다. 앞과 뒤의 무는 상부에서 서로 떨어져 있어 아래로 옆자락이 트여 있는데, 이때 진동 선상에서 앞무와 뒷무를 붙여서 1.2cm 정도 감침질해 주어 앞뒤 일부분이 붙어 있다. 그림 1

무는 뒤 길에 부착한 흔적이 없이 옆으로 뻗은 형태를 유지하고 있다. 때문에 무의 무게를 지탱하기 위하여 겨드랑이에 안쪽과 앞 · 뒤 무의 부착점 안쪽에 좁고 긴 끈을 각각 달아 준 후 서로 묶어줌으로써 무게 중심을 잡아주었다. 그림 2 무의 가장자리는 앞무는 별단, 뒷무는 제물단으로 직각 감침질하여 마무리하였다. 뒷무는 온폭을 이용하여 시접까지 마무리하였으나, 앞무는 뒷무보다 크기가 크기 때문에 가장자리를 별단으로 마무리한 것이다.

겉섶, 수구단, 무는 별단으로, 도련과 안섶은 제물단으로 가장자리를 마무리하였는데, 홑옷에서 주로 보이는 재봉법이다.

직령을 제작할 때 사용된 바느질법은 홈질, 박음질, 엣쌈솔, 통솔, 감침질이다.

그림 1 앞무와 뒷무를 붙여준 1.2cm 감침질

그림 2 몸판과 무를 연결해준 끈 모습

② 직령대(帶)[No.12103]

수의로 입은 홑직령[No.12102]의 허리를 둘렀던 띠이다. 성급의 복식이 옷고름을 잘라내어 '불뉴不紐'의 원칙에 충실하였으나, 직령대의 경우 직령을 입고 허리춤에 둘러주고 앞에서 묶어주었기 때문에 매듭이 있는 상태이다. 모란과 새 무늬가 새겨진 화조문단(花鳥紋緞)을 길이로 접어 만들었다. 대의 양쪽 끝에서 글씨로 추정되는 묵서가 새겨져 있으나 글씨의 뜻은 알 수 없다.

③ 홑 직령[No.12141]

삼베로 만든 홑 직령을 6조각으로 분리하여 상부 좌측과 머리 꼭대기 부분의 빈공간에 접어서 놓거나 끼워주었다. 수의로 입은 직령과 비교하여 크기, 형태, 바느질 등이 유사하나 앞무와 뒷무의 크기가 같게 만들어진 것이 다른 점이다. 옆선의 앞뒤, 좌우에 달린 긴 무는 상부가 위로 뾰족하고 옆으로 뻗은 형태를 유지하고 있다. 왼쪽 무는 상부가 삼각형으로 접힌 상태이며, 오른쪽 무는 상부의 접힌 부분이 펼친 상태로 수습되어 그대로 보존하였다.

깃 너비가 10.5cm로, 칼깃형 겉깃에서 안깃으로 가면서 줄어들어 안 깃 끝이 7.5cm이며, 이 중에서 1cm가 들여 달린 목판깃형이다.

홑옷이어서 가장자리를 선단 처리하였는데, 겉섶은 3.5cm 너비 별단으로 통솔로 박아서 넘긴 후 감침질로 마무리하였다. 안섶 가장자리는 1.5cm 너비 제물단으로 감침질하였다. 소매 끝 수구단은 3.5cm × 24cm 크기의 제물단으로 감침질하였다. 옆선에 달린 무의 가장자리와 도련단은 2cm 제물단이다.

소매 배래는 옛쌈솔이며 길과 소매 이음선은 온폭을 이용하였기 때문에 변사를 끝끝이 박음질하였다.

2) 도포(道袍)

도포는 앞모양은 옆선에 큰 삼각무가 부착되어 있어 창의와 비슷하고 뒷자락은 뒷길과 이엽삼으로 두 층을 이루고 있는 것이 특징이다. 사대부의 외출복이자 의례복으로 입었다.

성급의 염습에서는 소렴에 2점, 대렴에 1점이 사용되었다. 크기는 길이 141~144cm, 화장 114~121cm, 품 51~55cm의 범위이다.

〈표 2〉 성급 묘 출토 도포

연번	유물번호	구분	유물명	사진	직물 (겉/안)	구성	길이 (단위: cm)	화장 (단위: cm)	품 (단위: cm)	진동 (단위: cm)	배래 (단위: cm)	수구 (단위: cm)
1	B012112	소렴	홑도포		초(綃)	홑	141	118	52	29	41	23
2	B012118	소렴	홑도포		삼베	홑	142	114	51	29.2	40.2	13.5
3	B012125	대렴	겹 도포		명주 / 명주	겹	144	121	55	30.5	46	25

① 홑도포[No.12112]

소렴 중에서 가장 속에 놓고 시신의 상부를 머리끼지 싸주었던 옷으로 출토 당시 녹색 기운이 남아 있었다. 초(綃)로 만든 홑옷이다.

깃은 너비 10.5cm로, 겉깃은 칼깃형, 안깃은 내어달린 목판깃형이다. 겉깃에서 안깃으로 갈수록 줄어들어 안깃 끝 너비는 8cm이다. 깃에는 깃 너비 반 정도의 동정이 달렸던 흔적이 있으며, 고름은 탈락되었으나 겉고름 너비 1.8cm, 안고름 너비 1.7cm의 흔적이 남아 있다.

소매는 진동에서 사선형으로 커지다가 소매 끝은 두리소매처럼 둥글다. 배래는 옛쌈솔로 바느질하였다. 수구는 4cm × 25cm 크기의 제물단으로 마무리하였다.

겉섶은 온폭과 아랫부분에서 10cm 너비를 쪽이음하여 넓게 사용하였으며, 가장자리를 4cm 별단으로 처리하였다. 이때 겉섶과 별단의 가장자리 시접을 끝끝이 한 번 접어준 후 접은 선을 합쳐서 박았기 때문에 끝 시접이 4겹인 상태이다. 별단의 마무리는 고운 공그르기로 하였다. 안섶은 길이 상부에서 27cm 정도를 옛쌈솔로 쪽이음하였으며, 가장자리는 1.7cm 너비의 제물단을 곱게 감침질하여 마무리하였다.

홑옷이므로 어깨바대를 달았는데, 상부는 옷감 온 폭에 좌우에 옷감을 더 붙여 너비가 52cm이며, 하부는 온폭 너비 37cm를 그대로 사용하였다.

앞길 옆선에는 큰 삼각무를 부착하여 창의와 비슷한 앞 모양을 보인다.

뒷자락은 뒷길과 이엽삼으로 두 층을 이루고 있다. 이엽삼은 직사각형무과 사다리꼴무로 짝을 이뤄 좌우에서 넘어와 뒷길 어깨바대 27cm 지점에 감침질하여 부착하였다. 이때 중심이 8cm 간격으로 벌어져 트여 있으며, 이엽삼이 진동점보다 4cm 위로 올라와 달려 있다. 그림 3 뒷길 옆선의 가장자리는 4.3cm 너비 별단으로 선단 처리하였으며, 이엽삼 중심의 가장자리는 1.2cm 제물단으로 선단 처리하였다.

도련단은 3cm 너비 제물단으로 곱게 공그르기하였다.

② 홑도포[No.12118]

소렴 옷 중에서 가장 바닥에 깔고 펼쳐서 상부를 감싸주었던 옷이다. 삼베로 만들었으며 출토 당시 녹색 기운이 남아 있었다.

깃은 너비 10.5cm로 겉깃은 칼깃형이고 안깃 끝 너비는 7.8cm이다. 깃에는 동정이 달렸던 흔적이 있으며, 고름은 탈락되었으나 겉고름 너비 2.7cm, 안고름 너비 1.8cm가 확인된다.

소매는 진동에서 사선형으로 커지다가 소매 끝에서 두리소매형이 된다. 배래는 옛쌈솔로 바느질하였고, 수구는 3cm × 26.5cm 크기의 제물단을 고운 감침질로 마무리하였다.

겉섶은 온폭을 이용하고 아랫부분에 11cm 너비 쪽이음하여 도련쪽을 넓게 사용하였으며, 가장자리를 3.7cm 별단을 감침질하여 마무리하였다. 안섶 가장자리는 1cm 너비의 제물단을 곱게 감침질하여 마무리하였다.

홑옷이므로 어깨바대와 겨드랑이 바대가 달렸다. 어깨바대의 옷감은 몸판 보다 폭이 좁은 1폭 29cm 너비 삼베를 사용하였다. 상부[앞뒤 6cm]는 온폭과 좌우에 옷감을 더 붙여 어깨 소매 이음선까지 바대가 이어지도록 하였으며, 나머지 하부는 온폭을 그대로 사용하였다. 뒷길 어깨바대 높이는 29cm이다. 겨드랑에는 안쪽으로 너비 1.8cm의 갈고리형 바대를 부착하였다.

뒷자락은 뒷길과 이엽삼으로 두 층이다. 이엽삼은 직사각형무에 사다리꼴무를 붙여 구성되었다. 앞무에 부착한 후 뒷길 좌우로 넘긴 후 상부를 뒤 어깨바대[뒤높이 29cm] 끝선에 맞추고 감침질하여 부착하였다. 이 때 이엽삼은 진동점과 같은 선상에 달려 있다. 그림 4 좌우측 이엽삼은 중심이 12cm 간격으로 벌어져 트여 있으며, 이엽삼 중심의 가장자리는 1.2cm 제물단으로 선단 처리하였다.

뒷길 옆 가장자리는 4cm 너비 별단을 감침질하여 마무리하였고, 도련단은 4cm 너비 제물단을 감침질로 마무리하였다.

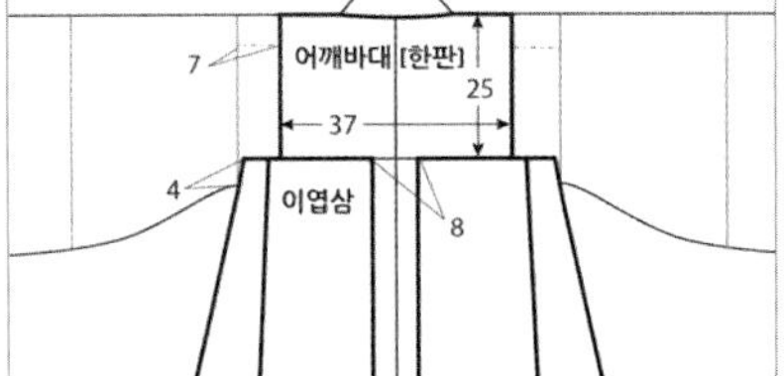

그림 3 이엽삼이 진동점에서 4cm 올라가서 부착된 모습[No.12112]

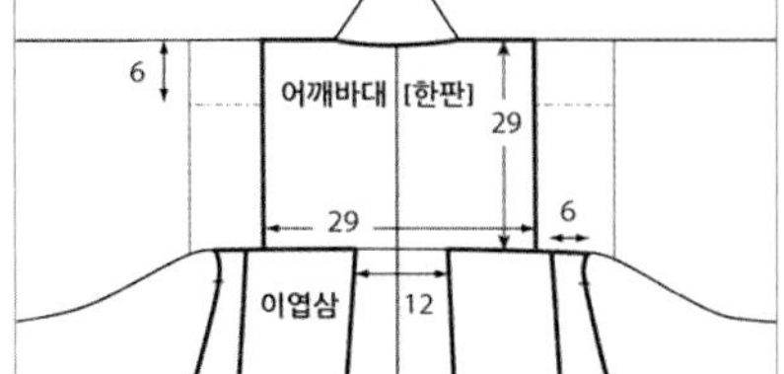

그림 4 이엽삼이 진동점과 같은 선상에 부착된 모습[No.12118]

③ 겹도포[No.12125]

대렴 중에서 가장 바깥쪽에 깔고 시신을 싸준 옷이다. 출토 당시 녹색 기운이 남아 있었다. 겉감과 안감을 명주를 사용하여 만든 겹옷이다.

형태는 깃너비는 1.2cm 정도이며 칼깃형 겉깃에서 안깃으로 갈수록 너비가 줄어들어 안깃 끝은 6.5cm이다. 동정과 고름은 탈락되어 없으며 겉고름 너비 2.5cm 흔적만 확인된다.

겉섶은 중심에서 2cm 들여 달렸으며, 온폭에 11cm 너비 쪽을 붙여 하부를 넓혔다.

소매는 진동에서 사선형으로 커지다가 소매 끝에서 두리소매형이 된다.

뒷자락은 뒷길과 이엽삼으로 두 층을 이루고 있다. 겹옷이어서 어깨바대가 없기 때문에 이엽삼을 진동점과 같은 선상[고대점 下의 31cm 지점]의 안감 등판에 직접 감침질하여 달아주었다. 이엽삼은 아래보다 위가 더 넓은 사각형무[上21, 下18.5]와 사다리꼴무가 짝을 이뤄 좌우에 부착되었는데 중앙이 2cm 정도 벌어져 있다.

전체 가장자리를 4cm 정도 들어가서 2땀 상침하여 둘러 주었다.

3) 창의(氅衣)

옆선에 넓은 무가 달리고 뒷길 중심선 아래로 긴 뒤트임이 있다. '대창의(大昌衣)'라고도 하며, 임진왜란 이후 보이는 남자용 포이다. 관리의 관복이나 도포의 받침옷으로도 입었으며 사대부의 외출복으로도 입었다.

성급의 염습에는 습의, 대렴, 보공에 각각 1점씩 총 3점이 쓰여졌다. 출토 당시 모두 녹색 기운이 남아 있었다. 모두 겉감과 안감을 명주로 만든 겹옷이며 깃, 소매, 무가 동일한 구성을 보인다. 크기는 길이 132~138cm, 화장 106.5~115cm, 품 46~50cm의 범위이다.

〈표 3〉 성급 묘 출토 창의

연번	유물번호	구분	유물명	사진	직물 (겉/안)	구성	길이 (단위: ㎝)	화장 (단위: ㎝)	품 (단위: ㎝)	진동 (단위: ㎝)	배래 (단위: ㎝)	수구 (단위: ㎝)
1	B012101	습	겹창의		명주 / 명주	겹	132	115	53.5	29.5	40	20
2	B012122	대렴	겹창의		명주 / 명주	겹	138	114.5	46	28	41	22
3	B012147	보공	겹창의		명주 / 명주	겹	135	106.5	50	30	38	22.5

① 겹창의[No.1210]

수의 웃옷 중에서 다섯 번째로 입었다.

겉깃은 칼깃형, 안깃은 내어달린 목판깃 형태로 안깃머리는 6cm 너비이다. 동정과 고름은 탈락되어 없으며 안고름 너비 1.2cm 흔적만 남아 있다.

소매는 진동에서 사선형으로 커지다가 모서리가 둥근 두리소매형이 된다.

옆선 진동점에 사각접음삼각무[1.5 × 1.5cm]가 달렸고, 옆선에 사다리꼴 큰무를 달아주어 아래로 갈수록 넓게 퍼진다.

뒷길 고대선에서 아래로 46.5cm 내려와서 길게 뒤트임을 주었다.

솔기 이음선은 모두 홈질로 바느질하였으며, 가장자리는 안으로 조금 들어가서 2땀 상침으로 둘러주었다.

② 겹창의[No.12122]

대렴 중 가장 속에서 상부를 싸주었다.

겉깃은 깃너비 11cm의 칼깃 모양이고, 안깃은 목판깃형이며 안깃 머리는 6.6cm 너비이다. 동정과 고름은 탈락되어 없으며 겉고름 너비 2.5cm 흔적만 남아 있다.

소매는 진동에서 사선형으로 커지다가 끝에서 두리소매형이 된다. 겨드랑이에는 사각접음삼각형무[2 × 2cm]가 달렸으며 옆선에는 긴 사다리꼴형 무를 달아주어 아래로 넓게 퍼진다. 뒷길 고대 중심에서 47cm를 내려와 도련까지 길게 뒤트임을 주었다.

겉섶을 비롯한 가장자리를 두 땀 상침으로 둘러주었다.

수의로 쓰인 겹창의[No.12101]와 구성은 동일하나, 길이가 길면서 품이 더 좁아서 전체적으로 날렵한 느낌을 준다.

③ 겹창의[No.12147]

관 뚜껑을 열었을 때 가장 위에 놓여 있었다. 4조각(소매 2짝, 길 2개)으로 분리하여 상부와 하부에 펼쳐 놓았다. 겉감은 안감보다 고운 세주(細紬)이다.

깃은 너비 10.5cm로, 안깃으로 갈수록 줄어들어 안깃 머리는 6cm 너비이다. 깃 중심을 4.5cm 간격으로 두 땀 상침하여 주었다. 동정과 고름은 탈락되어 없다.

소매는 진동에서 사선형으로 커지다가 끝에서 두리소매형이 된다. 수구 쪽의 안감은 너비 6cm만큼 겉감과 동일한 옷감을 사용하였다.

겨드랑이에는 사각접음삼각형무[3 × 3cm]가 달렸으며 옆선에는 긴 사다리꼴형 무를 달아주어 아래로 넓게 퍼진다. 길 고대 중심에서 58cm를 내려와 도련까지 길게 뒤트임을 주었다.

겉섶을 비롯한 가장자리를 3.5cm 들어가서 4cm 간격으로 두 땀 상침으로 둘러주었다.

4) 중치막(中赤莫)

옆트임이 있고 소매가 넓은 세 자락의 포(袍)이다. 남자들이 일상에서 겉옷으로 입었으며, 도포나 창의의 받침옷으로도 입었다.

성급의 염습에는 총 8점의 중치막이 사용되었다. 겹 1점, 솜 1점, 솜누비 6점의 구성이다. 크기는 길이 127~143cm, 화장 100~117.5cm, 품 37~57.5cm의 범위이다.

〈표 4〉 성급 묘 출토 중치막

연번	유물번호	구분	유물명	사진	직물(겉/안)	구성	길이(단위: cm)	화장(단위: cm)	품(단위: cm)	진동(단위: cm)	배래(단위: cm)	수구(단위: cm)
1	B012099	습3	솜 중치막		명주 / 명주	솜	143	117.5	57.5	32.5	42.5	20.5
2	B012100	습4	솜누비 중치막		명주 / 명주	솜누비	133.5	109	53	30	36.5	28.5
3	B012114	소렴	솜누비 중치막		명주 / 면포	솜누비	131	106.5	50	25.5	36	18.5
4	B012123	소렴+대렴	솜누비 중치막		명주 / 명주	솜누비	128.5	100	41	24.7	36	21
5	B012124	대렴	솜누비 중치막		명주 / 명주	솜누비	139	112.5	53	29.5	35	25
6	B012142	보공	솜누비 중치막		명주 / 명주	솜누비	130	104	37	24	35	23
7	B012144	보공	솜누비 중치막		명주 / 명주	솜누비	134	108.5	54	28	32.5	21
8	B012145	보공	겹 중치막		면포/ 면포	겹	127	101	50	28	34.8	19

① 솜중치막[No.12099]

수의 웃옷 중 세 번째 옷이다. 중치막 위에 겹쳐 입은 다른 포류보다 길이가 길어 수의를 모두 착장했을 때 끝자락이 겉옷 아래로 드러나 보일 정도로 길이가 길다.

명주로 된 겉감과 안감 사이에 솜을 두텁게 두어 솜옷을 완성한 후 솔기 이음선마다 홈질로 드문드문 바느질하여 두터운 솜이 흐트러지는 것을 배려하였다. 뒤집어 바느질하였기 때문에 가장자리에는 별다른 장식이 없다.

형태는 깃너비는 11.2cm 정도이며 칼깃형 겉깃에서 안깃으로 갈수록 너비가 줄어들어 안깃 끝은 7cm로 줄어든다. 그림 5 깃 목둘레는 0.6cm 너비로 목둘레선을 따라서 곱게 홈질하여주었다. 동정과 고름은 탈락되어 없으며 안고름 너비 3.2cm 흔적만 확인된다.

소매는 진동에서 사선형으로 커지다가 소매 모서리가 둥근 두리소매형이 된다. 수구는 3.5cm 안쪽으로 들어가서 두 땀 상침을 둘러주었으며, 다시 수구 끝에서 0.6cm 들어가서 홈질로 상침하여주었다.

옆선에는 사각접음삼각무[2.5 × 2.5cm]와 사다리꼴 큰무를 달아주고 옆을 길게 터주어 활동하기에 편리하도록 하였다. 트임은 사각접음삼각무 끝에서 34.5cm 내려와서 도련까지 72㎝가 트였다. 트임 시작점에는 연봉 매듭 장식을 하여 트임 부위를 견고하게 하였다. 그림 6

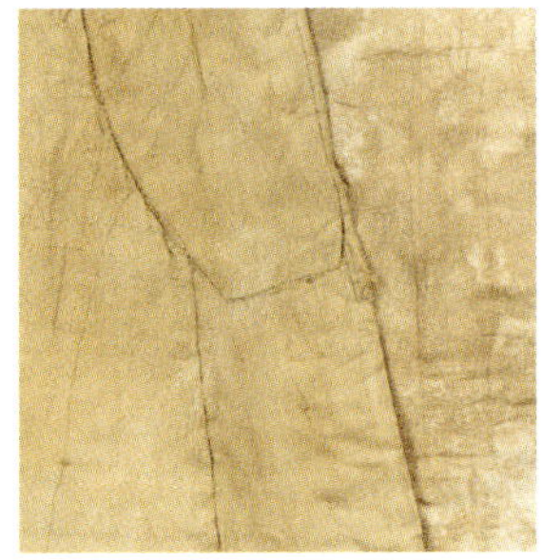

그림 5 안깃과 안고름 부착 흔적

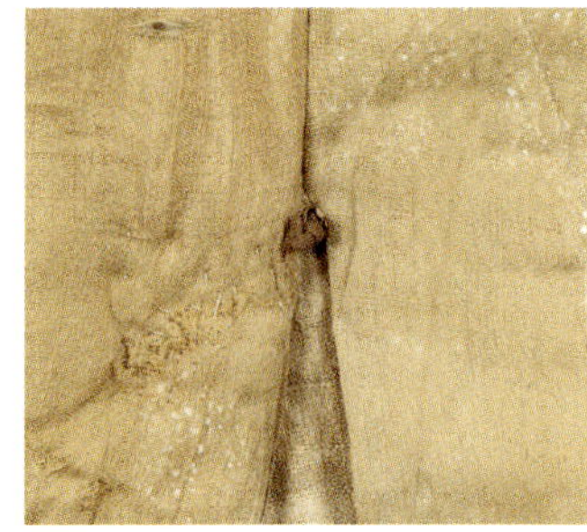

그림 6 옆트임 끝에 부착한 매듭 장식

② 솜누비 중치막[No.12100]

수의 웃옷 중 네 번째 옷이다. 특이하게 속에 착장한 솜중치막보다 품과 길이가 작으며 소매 모양이 완만한 붕어 배래 형태이다.

명주 겉감과 안감 사이에 솜을 두어 3.0~3.2cm 간격으로 줄줄이 누벼주었다.

깃은 겉깃 모양은 칼깃형이며 안깃은 내어달린 목판깃이다. 10.3cm 너비 깃이 안깃으로 가면서 줄어들어 안깃머리는 7.5cm이다. 깃 목둘레는 0.6cm 너비로 목둘레선을 따라서 곱게 홈질하여주었는데, 동정이 있었던 자리는 성글게 홈질하였다. 깃의 누비선은 몸판보다 간격이 좁아서 2.2cm 너비로 4줄 누벼주었는데, 동정이 부착되었던 자리는 누빔을 생략하였다. 그림 7 동정은 탈락하였으며, 너비가 2.2cm로 동일한 겉고름과 안고름은 잘린 흔적만 남아 있다. 그림 8

소매는 진동에서 둥글게 넓어지다가 소매 끝 부분에서 줄어드는 완만한 붕어 배래 형태이다. 수구 끝은 0.6cm 너비로 고운 홈질로 둘러주었다.

옆선에는 사각접음삼각무[2.5 × 2.5cm]와 사다리꼴 큰무를 달아주고 겨드랑 아래 27.5cm 내려와서 옆을 길게 도련까지 터주었다.

겉섶, 옆트임, 도련의 가장자리는 너비 1.2cm 별단으로 선단 처리하였으며 안섶 가장자리는 선단이 없이 뒤집어 박았다.

그림 7 겉깃의 누비선과 동정 부착 흔적

그림 8 안깃머리에 부착한 안고름 흔적

③ 솜누비 중치막[No.12114]

소렴에서 시신의 허리부터 발까지 길게 하여 하부를 덮어주었던 옷이다. 옆선은 무가 없이 트임을 주었으며, 넓은 동정이 남아 있다.

겉감과 안감 사이에 솜을 약 0.3cm 두께로 두어 8cm 간격으로 넓게 누벼주었다.

겉감은 명주, 안감은 2가지 옷감을 사용하였는데, 안감의 몸판 앞뒤 상부[길이 85cm, 너비 58.5cm]에는 무명을 사용하고 섶과 소매, 길 하부는 명주를 사용하였다.

깃은 너비 10.3cm이며 안깃 끝에서 줄어들어 안깃머리는 6cm로 끝이 난다. 겉깃 모양은 칼깃형이다. 깃에는 너비 7cm, 길이 62cm의 넓은 동정을 1.5cm 간격의 바늘땀으로 홈질하여 달아주었다. 고름은 탈락되어 없다.

소매는 진동에서 사선형으로 커지다가 소매 모서리가 둥근 두리소매형이다.

옆선은 무가 없이 완만한 곡선으로 되어 아래로 갈수록 너비가 넓어지며 진동점에서 26cm 내려와서 도련까지 길게 트임을 주었다. 트임 시작점에는 ∩ 모양으로 고운 박음질하여 트임을 견고하게 하였다.

가장자리는 뒤집어 박은 형태이며, 깃 목둘레선과 수구 끝은 0.6cm 들어가서 곱게 홈질로 둘러주었다. 특이하게 누비옷임에도 겉섶과 옆트임의 가장자리를 3.5cm 들어가서 4㎝ 간격으로 두 땀 상침하여 주었다.

④ 솜누비 중치막[No.12123]

소매와 몸판을 잘라서 소렴과 대렴에 각각 사용되었던 옷이다. 보존 처리 후 소렴에 있는 소매와 합쳐서 완형을 찾아주었다. 성급의 옷 중에서 가장 품이 작아 수레지의(襚禮之衣)의 가능성이 있는 옷이다.

명주로된 겉감과 안감 사이에 솜을 두어 3~3.6cm 간격으로 줄줄이 누벼준 누비옷이다. 겉감과 안감의 시접 선이 일치하지 않을 것으로 보아, 겉감과 안감의 옷을 형태를 만들어 솜을 두어 누볐을 가능성이 크다.

깃은 너비 10cm이며, 겉깃은 칼깃형, 안깃은 목판깃형이다. 안깃으로 가면서 너비가 줄어들어 안깃머리는 6.8cm이다. 깃 목둘레선은 0.5cm 들어가 홈질로 상침하여주었다.

소매는 진동에서 사선형으로 커지다가 소매 끝이 둥근 두리소매형이다.

겨드랑이에 작은 사각접음삼각무[2.5 × 2.5cm]가 달리고 옆선에는 사다리꼴형 크무를 부착하고, 진동에서 아래쪽으로 21cm 내려와서 도련까지 길게 옆트임하였다. 트임이 갈라지는 부분에 1㎝ 정도 곱게 박음질하였다.

겉섶과 옆트임, 도련의 가장자리는 1.2cm 별단으로 선단 처리하였다. 그림 9

⑤ 솜누비 중치막[No.12124]

대렴에서 가장 겉에 있었던 도포 다음으로 놓아준 중치막이다. 소매 모양이 완만한 붕어 배래 형태로, 묘주에게 넣어준 다른 중치막 소매 형태와 차이를 보인다

겉감과 안감 사이에 솜을 두어 5.5cm 간격으로 줄줄이 누벼준 누비옷이다.

겉깃은 칼깃형, 안깃은 목판깃형이다. 깃너비 10cm에 7.5cm 너비의 동정이 달렸던 시침실이 남아 있으며 안깃에는 동정 옷감 조각이 붙어 있다. 깃에는 한 줄만 누벼주었으며, 안깃머리는 6.5cm이다.

소매는 진동에서 수구까지 둥글게 굴려진 완만한 붕어 배래 형태인데, 수의로 입은 솜누비 중치막[No.12100]의 소매와 비슷한 형태이다.

겨드랑이에 작은 사각접음삼각무[2.5 × 2.5cm]가 달리고 옆선에는 사다리꼴형 무를 부착하고 진동에서 30.5cm 내려와서 아래쪽으로 길게 트임을 주었다.

수구와 깃 목둘레선에는 0.5㎝ 들어가 홈질로 상침하였으며, 섶, 옆트임, 도련의 가장자리는 시접을 뒤집어 박았다. 그림 10

그림 9 가장자리를 별단으로 처리한 모습 [No.12123]

그림 10 가장자리를 뒤집어 박은 시접 모습 [No.12124]

⑥ 솜누비 중치막[No.12142]

5조각(뒷길, 겉섶, 안섶, 소매 2짝)으로 분리하여 보공에 넣어주었다. 이 옷은 대렴의 중치막[No.12123] 처럼 옷 품이 매우 작아 묘주의 옷으로 보기에는 어려우며 수레지의의 가능성이 있다. 깃에 달아준 넓은 동정이 남아 있다.

겉감과 안감 사이에 솜을 두어 2.2~2.5cm 간격으로 줄줄이 누벼주었다.

겉깃 모양은 칼깃형이며, 깃너비[10cm]가 안깃 끝에서 줄어들어 안깃머리는 7cm로 끝이 난다. 깃에는 너비 7cm, 길이

51.5cm의 넓은 동정을 달아주었다. 깃 안 너비는 1cm이다. 동정시작점은 21cm이다. 고름은 탈락되어 없다.

소매는 진동에서 사선형으로 커지다가 소매 끝에서 두리소매형이 되는 전형적인 1600년대 전반기 소매 양식이다.

겨드랑이에 작은 사각접음삼각무[3 × 3cm]가 달리고 옆선에는 사다리꼴형 무를 부착하고 21.5cm 아래쪽으로 길게 옆트임을 주었다.

가장자리는 뒤집어 박은 형태이다.

⑦ 솜누비 중치막[No.12144]

9조각으로 분리하여 목관의 위아래와 좌우 측면 빈 공간에 끼워 두었다. 소매 2개는 솜누비중치막[No.12142]의 소매 아래에 상부 좌우 측면에 길게 끼워져 있었다. 보수하지 않고 분리된 채 보존하고 있기 때문에 상세한 구조는 파악하기 어렵다.

명주로 된 겉감과 안감 사이에 두텁게 솜을 두고 안깃만 남아 있으며 7cm 정도의 넓은 동정을 달았던 흔적이 뚜렷하다. 소매는 전형적인 1600년대 전반기 양식이며, 옆선에 무가 달리고 옆트임을 주었다. 가장자리는 뒤집어 박은 형태이다.

⑧ 겹중치막[No.12145]

5조각(소매2, 겉섶, 안섶, 뒷길)으로 분리하여 목관의 좌우, 상하 틈새에 끼우거나 놓아주었다. 겹옷을 완성한 후 가장자리 끝을 곱게 박음질로 상침하여 준 것이 특징이다.

겉깃은 칼깃형이며, 안깃은 목판깃으로 안깃 머리는 5cm이다. 깃너비는 10.5cm이며 겉깃 끝에서 20㎝ 지점부터 7.1㎝ 너비의 동정이 달렸던 흔적이 뚜렷하다. 고름은 탈락되었으나 겉고름 너비 2.2㎝ 안고름 너비 1.8㎝의 흔적이 남아 있다.

겉섶을 달 때, 하부는 중심선에, 상부는 2.5cm 들여서 달았다.

소매는 진동에서 사선형으로 커지다가 소매 끝이 둥근 두리소매형이다. 배래를 2겹 바느질로 완성한 후 시접끼리 시침하여 주어 소매의 겉과 안이 서로 분리되지 않도록 하였다.

옆선에는 작은 사각접음삼각무[3 × 3cm]와 사다리꼴형 큰무를 달고, 겨드랑이에서 30cm 아래쪽으로 길게 도련까지 옆트임을 주었다.

겹옷으로 완성한 후에는 겉면에서 깃, 수구, 도련, 옆트임의 가장자리를 0.2㎝ 들어가 곱게 박음질로 상침하였다.

5) 장옷[長衣]·철릭[天翼]

장옷은 좌우 길의 안쪽으로 들여 달린 목판깃과 겨드랑이에 작은 사각접음무가 달린 것이 특징이며, 철릭은 상의(上衣)와 주름 잡은 치마형 하의(下衣)가 연결된 옷으로, 백관의 융복(戎服)으로 착용되었다.

성급의 염습에는 소렴에 사용한 장옷, 보공에 넣어준 철릭이 각각 1점씩 있다.

〈표 5〉 성급 묘 출토 장옷과 철릭

연번	유물번호	구분	유물명	사진	직물 (겉/안)	구성	길이 (단위: ㎝)	화장 (단위: ㎝)	품 (단위: ㎝)	진동 (단위: ㎝)	배래 (단위: ㎝)	수구 (단위: ㎝)
1	B012115	소렴	솜장옷		명주	솜	133	104.5	58	33.5	33	33
2	B012146	보공	홑철릭		마포	홑	139 衣48 + 裳91	127.5	54	27	43.2	24

① 솜장옷[No.12115]

소렴에서 무릎부터 머리까지 상부를 감싸준 옷이다. 동정과 고름이 탈락된 상태이다.

짙은 갈색 명주로 된 겉감과 소색 안감 사이에 솜을 두어 만든 솜옷이다.

깃은 너비 10.5cm로 좌우 모두 들여 달린 목판깃 형태이며, 목둘레 선을 따라서 0.5cm 들어가서 곱게 홈질하였다. 동정과 고름은 탈락되어 없다.

소매는 일자형이며 끝에는 30cm 길이 끝동을 달아주었다.

옆선의 진동점에는 화문단(花紋緞)으로 사각접음삼각무[5 × 5cm]를 부착하여 장식하였고, 그 옆선에는 사다리꼴 큰무를 달아주어 아래로 퍼져나가 도련이 넓어진다.

겉섶과 도련의 가장자리는 겉감 색상과 같은 색의 별단[1.3~1.5cm]으로 선단 처리하여 마무리하였다.

② 홑철릭[No.12146]

보공으로 목관 속에 길게 놓아 빈공간을 채워준 옷이다.

모시로 만든 홑옷으로 칼깃형 상의와 치마 형태의 하의로 구성되어 하의[91cm]가 상의[48cm]보다 길다. 활을 쏘기에 편리하도록 왼소매를 탈착식으로 만들었다.

깃은 겉깃은 칼깃형이고 안깃은 목판깃형이다. 깃너비는 10cm이며, 안깃으로 갈수록 줄어들어 안깃 머리는 7.5cm이다. 동정과 고름은 탈락되었으며, 2쌍 고름[너비 2.2cm] 흔적이 남아 있다.

소매는 진동에서 사선형으로 커지다가 소매 끝이 둥글다. 왼쪽 소매를 탈착식으로 만들었다. 몸판 쪽 소매 끝에 단추를 달았던 흔적이 있으며, 탈착 소매는 가장자리에서 7cm 안으로 들어가서 안쪽으로 상하 1쌍, 중간 앞뒤 2쌍씩 단추 바대[2 × 2.5cm]가 부착되어 있다. 탈착식 소매 끝은 제물단 1.5cm로 마무리하였다. 수구는 3.2 × 28cm 크기로 제물단을 달았다.

겉섶 가장자리는 제물단 3.2cm로 마무리하였으며, 안섶은 없으나 안깃 아래 가장자리를 제물단 1.5cm로 마무리하였다.

허리선에는 치마 주름을 잡아서 부착하였는데, 겉주름 1.5cm, 안주름 1.8~2cm 크기로 주름 잡아준 후 너비 4cm의 허리바대로 주름 시접을 감쌌다. 이때, 안길 쪽 15cm 만큼은 주름이 없으며 주름 바대도 생략하였기 때문에 이 부분 시접은 옛쌈솔로 마무리하였다.

홑옷이므로 바대를 달아 보강재 역할을 하였다. 어깨바대는 가로는 온폭을 그대로 사용한 일자형이며 겨드랑이 바대는 갈고리형[너비 3cm]으로 허리바대 안쪽으로 내려와서 달렸다.

겉섶단과 수구는 별단이며 도련은 모두 제물단이다. 상의와 하의 연결선은 박음질과 옛쌈솔을 사용하였다. 등솔기는 끝끝이 박음질하였으며, 치마 겉쪽 제물단 2.8cm 도련 제물단 3.7cm이다.

6) 저고리류

적삼(赤衫) 1점, 저고리[赤古里] 2점이 출토되었다.

남자의 저고리는 주로 속옷의 역할을 하여 장식이 없는 것이 특징이다. 여자 저고리와는 달리 대부분 칼깃이 달렸다.

〈표 6〉 성급 묘 출토 저고리류

연번	유물번호	구분	유물명	사진	직물 (겉/안)	구성	길이 (단위: ㎝)	화장 (단위: ㎝)	품 (단위: ㎝)	진동 (단위: ㎝)	배래 (단위: ㎝)	수구 (단위: ㎝)
1	B012097	습	홑적삼		명주	홑	60	95.5	62	25.5	25.5	25
2	B012098	습	솜누비 저고리		명주 / 면포	솜누비	72.5	102	56	28	23	16
3	B012146	소렴	솜누비 저고리		명주 / 면포	솜누비	57.5	68.5	49.5	27	23.5	17.5

① 홑적삼[No.12097]

수의 웃옷 중에서 가장 속에 입었다. 바느질 상태가 매우 성글고 동정과 고름을 부착한 흔적이 없는 것으로 보아 수의로 입히기 위해 특별히 만든 것으로 추정된다.

겉깃은 칼깃형이고 안깃은 목판깃 모양으로 9.5cm가 들여 달렸다.

일자형 모양의 소매는 끝 부분을 변사를 사용하여 마무리하였으며 옆선은 진동에서 19cm를 직선으로 내려오면서 아래 부분에 작게 트임을 주었다.

홑옷의 가장자리를 선단으로 처리하였다. 겉섶과 옆트임은 2.5cm 너비의 별단, 안섶과 도련단은 1.5cm 너비의 제물단으로 처리하고 0.5cm 간격으로 성글게 공그르기 하였다. 솔기 이음선은 홈질이며, 배래는 통솔이다. 바늘땀이 크고 거칠게 바느질하였다.

② 솜누비 저고리[No.12098]

수의 중에서 두 번째 입은 웃옷이다.

명주 겉감과 안감 사이에 두께 0.8cm의 솜을 두텁게 두어 8cm 간격으로 누벼준 누비옷으로, 소매가 좁으면서도 포류(袍類)만큼 길이가 긴 것은 동절기에 적합한 구성으로 볼 수 있다.

겉깃은 전형적인 남성의 칼깃형이며, 안깃은 내어달린 목판깃이다. 10cm 너비의 깃이 안깃 쪽에서 줄어들면서 안깃머리는 7cm로 좁다. 깃은 2줄이 누벼진 상태이며, 목둘레선을 따라 0.7cm 들어가서 홈질로 상침하였다. 동정과 소매는 탈락되어 흔적만 남아 있다.

소매는 매우 길고 수구로 갈수록 급격히 줄어드는 형태이며, 진동점은 곡선으로 꺽어주었다. 옆선은 진동점에서 사선으로 26cm 내려와 아래쪽에 작게 옆트임을 주어 활동하기에 편리하도록 하였다. 도련은 4.5cm 정도의 활 모양의 곡선형이며 품보다 넓다.

솜을 두텁게 두었기 때문에 누비선과 바느질 땀의 간격이 넓은 편이다. 옷의 가장자리는 바늘땀을 넓게하여 홈질로 상침하여 주었다.

③ 솜누비 저고리[No.12116]

저고리를 3조각으로 분리하여 소렴할 때에 두 어깨의 빈 곳과 머리를 받치는 데 사용하였다. 좌.우측 모두 칼깃형이 특징이며, 옆선에 두쪽 무가 달리고 깃, 끝동, 섶, 무 등을 별색(別色)으로 만들었다. 이 옷은 깃 모양은 남성용이지만 몸판은 여성용 저고리와 같은 장식성을 보인다. 묘주의 옷으로 확언하기는 어려우며, 수례지의의 가능성이 있다.

겉감은 명주를 사용하였고, 안감의 경우 몸판은 무명, 섶은 겉감과 같은 명주를 사용하였다. 겉감과 안감 사이에 솜을 두텁게 두어 7.5cm 간격으로 누벼주었다.

깃은 너비 10.2cm이며 좌우측 깃 모두 칼깃형이다. 깃의 목둘레를 0.6cm 들어가서 가장자리를 홈질로 상침하였다.

소매는 진동에서 수구로 갈수록 좁아지는 완만한 일자형이다. 수구 안감쪽에는 6cm 너비로 면포 안단을 덧대었다.

옆선에는 사각접음삼각무[4.5 × 4.5cm]와 사다리꼴무를 달아주고 겨드랑 아래 13cm 내려가서 작게 트임을 주었다.

뒷길 몸판은 중심선 없이 온 폭으로 품을 만들었으며, 섶과 도련, 옆트임의 가장자리를 1.2cm 들어가서 홈질로 상침하였다.

7) 바지[袴]

성급의 묘에서는 총 8점의 바지가 출토되었다. 홑 3점, 겹 2점, 솜 1점, 솜누비 2점이며, 모두 마루폭, 큰사폭, 작은사폭, 허리말기로 구성된 사폭바지이다. 크기는 총길이 110~104cm, 허리둘레(1/2) 52~60cm, 부리 26.5~28cm의 범위이다. 바지가 별다른 특징이 없어 구성별로 묶어 서술하고자한다.

〈표 7〉 성급 묘 출토 바지

연번	유물 번호	구분	유물명	직물 (겉/안)	구성	총길이 (단위: ㎝)	허리둘레 (단위: ㎝)	둔부너비 (단위: ㎝)	부리 (단위: ㎝)
1	B012104	습	홑바지	면포	홑	104	60	46	27.5
2	B012105	습	겹바지	면포 / 면포	겹	108	55	48	26.5
3	B012106	습	솜누비바지	명주 / 명주	솜누비	110	57	41	27
4	B012113	소렴	홑바지	삼베	홑	105	57	45	28.5
5	B012117	소렴	솜누비바지	명주 / 명주	솜누비	105	57	45	30
6	B012139	보공	홑바지	무명	홑	104	52	46	26.5
7	B012140	보공	겹바지	면포 / 면포	겹	104.5	55	48	28
8	B012143	보공	솜바지	면포 /면포	솜	115	-	-	-

① 홑바지

수의 아래옷 중에서 가장 속에 입은 바지[No.12104], 소렴에서 다리 사이의 공간을 채워준 바지[No.12113], 보공을 목관 하부 공간을 채워준 바지[No.12139]가 있다.

3점의 구성과 바느질법이 유사하다. 허리 말기도 홑으로 만들어 상부는 변사를 이용하였다. 바느질은 배래는 옛쌈솔, 직선 이음선은 통솔, 사폭 이음선은 쌈솔로 하였다.

② 겹바지

수의 아래옷 중에서 두 번째로 입은 바지[No.12105]와 관 하부에 끼워준 바지[No.12140]가 있다. 동일한 바느질 법이다. 겹으로 된 사폭바지를 만든 후, 허리말기와 부리의 가장자리를 겉에서 박음질로 눌러박았다.

③ 솜바지

5조각(허리말기, 마루폭 2개, 큰사폭, 작은사폭)으로 분리하여 목관의 하부 밑, 좌.우측의 빈 공간에 끼워준 바지[No.12143]이다. 겉감과 안감 사이에 두텁게 솜을 둔 사폭바지이다. 5조각으로 분리된 그대로 보존하였다.

④ 솜누비 바지(袴)

수의 아래옷 중에서 가장 겉에 입은 바지[No.12106]는 겉감은 명주이고, 안감은 부리에서 21cm 올라간 부위에서 위쪽은 면포를 사용하였으며 허리말기와 부리 쪽은 겉감과 같은 명주를 사용하였다. 겉감과 안감 사이에 솜을 두어 줄줄이 누벼주었는데, 허리말기는 4.5~5cm 간격, 바지통은 4cm 간격으로 누벼주었다. 허리둘레 상부와 부리 가장자리를 0.8cm 안으로 들어가 홈질로 상침하여 둘러주었다.

소렴에서 다리 사이에 놓아준 바지[No.12117]는 3.7cm 간격으로 누벼주었으며, 허리둘레 상부와 부리의 가장자리를 0.5cm 안으로 들어가 홈질로 상침하여 둘러주었다.

8) 기타 복식

① 광다회(廣多繪)[6]

성급 묘에서 출토된 광다회는 보공을 완전히 수습한 후 대렴 겉면 좌측 중간 위치에 길게 4번 접어 놓여 있었다.

크기는 너비 1.7cm 총길이 295cm이다. 양 끝에 있는 술은 각 20cm로 윗부분에는 5.3cm의 망장식이, 아래쪽에는 꼬아진 술이 15.2cm 있다. 망장식 안으로 검은색으로 보이는 물질이 확인된다. 같은 시기로 추정되는 최경선 장군 묘에서 출토된 광다회와 다회 및 술의 형태가 비슷하다.

다회 부분은 2/2 사선엮음 편조(扁組)로 실제 보이는 부분은 242cm이나, 술 부분 속으로 들어간 부분까지 확인된 길이는 254cm 이다. 다회의 끝부분은 술 속에서 마감되었는데, 그림 11 일반적인 광다회는 절단한 끝부분이 육안으로 확인되는 반면, 본 광다회는 끝부분을 접어 그 위를 꼰 실로 여러 번 감아 두께를 줄이고, 그 사이를 바늘로 몇 땀 떠서, 절단된 단면이 보이지 않도록 신경쓴 흔적이 보인다.

술부분은 머리쪽 망장식과 아래쪽 수술부분으로 나누어 지는데, 망장식은 망수기법을 사용하였다. 그림 12 망수 기법은 2벌 고리 엮음을 사용하여 만드는 것으로 합사한 실을 가로 기둥으로 세우고, 다른 실을 서로 엮어 가며 문양을 만드는 방법이다. 망수에 보이는 문양은 당초무늬 등 여러 가지 형태가 보이는데, 망수의 명칭은 문헌에 전해지는 바가 없이 현대의 장인들이 임의로 부르는 경우가 많다. 아래쪽 수술은 끝부분에 바늘구멍이 없는 형태로 오른쪽으로 꼬인 S꼬임으로 120여 가닥이다.

그림 11 다회 끝의 마감 모습

그림 12 망장식 모습

② 소모자(小帽子)

남녀 노소 신분의 구별 없이 1600년대까지 나타나는 모자이다. 형태가 여섯 조각[六瓣][7]으로 된 것이 특징이다. 성급의 관의 가장 위쪽 모서리에 보공(補空)으로 끼워져 있었다. 겉감은 짙은 아청색 무명을 사용하였고, 안쪽은 두터운 솜을 넣어 형태를 잡아주고 별도의 안감이 없이 풀솜을 덧 붙여 주어 솜이 그대로 드러나 있다. 귀밑 좌우에는 1.2 × 46cm의 좁은 끈을 달아주었다.

겉면은 아랫변 10.7~11cm, 중심 높이 18cm 크기의 삼각형을 6조각을 이어 붙여 완만한 원뿔형이 되도록 하였다. 그 하단에는 길이 60cm, 높이 8cm의 단을 둘러 주어 겉모양을 완성하였으며, 밑변 안쪽으로 3cm 정도 여유분을 안쪽으로 넘겨서 테두리를 완성하였다. 이 때 시접은 변사를 사용하여 성글게 홈질하여 마무리하였다. 정수리에는 겉감과 동일한 옷감으로 만든 1cm 크기의 연봉 매듭이 끼워져 있다.

6) 이 부분은 동림매듭공방 박진영 대표의 도움을 받았다.

7) 李縡, 四禮便覽, 卷之一 冠 十.
"소모(小帽)는 '감투[敢頭]'를 말한다고 하는데 紗, 羅, 緞 등의 옷감을 이용하며, 여섯 조각[六瓣]을 이어서 든다"

9) 염습제구·치관제구

① 염습구

습과 소렴, 대렴에는 수의용 모자(帽子), 멱목(幎目) . 악수(幄手), 버선, 습신, 소렴금, 대렴금, 소렴 염포, 대렴 염포, 소낭(小囊), 치아 쌈지, 베개, 초석, 지요 등의 제구가 사용되었다.

② 치관 제구

현(玄), 훈(纁), 구의(柩衣), 명정(銘旌), 관내의 조각, 삽(揷)의 치관 제구가 있다.

목관을 구의로 씌워주고 그 위에 명정을 올린 후 상부 좌우에 현훈을 놓았으며 관과 회곽 사이 상하, 좌우측면에는 삽이 놓여져 있었다. 명정의 바탕에 '宣務郎軍資監主簿成公之柩(선무랑군자감주부성공지구)'라는 글자가 묵서되어 묘주의 직위를 알 수 있다.

3. 성급 묘 출토 복식의 특징

1) 포류(袍類)의 구조 특징

① 직령

수의로 입은 직령과 보공에 넣어준 직령은 크기, 형태, 바느질 등이 유사하나 앞의 것은 앞무가 뒷무보다 크게 만들어졌으며, 뒤의 것은 앞뒤 무의 크기가 동일한 것이 차이점이다.

② 도포

홑도포와 겹도포는 뒷길 안쪽에 있는 이엽삼의 부착 모양이 다르다. 홑도포는 이엽삼을 어깨바대에 부착하였으며 겉 도포는 어깨바대가 없으므로 뒷길 안쪽 등판에 감침질하여 부착하였다. 그리고 이엽삼을 부착할 때 홑도포[No.12112]는 이엽삼이 진동선 보다 4cm 올라가서 부착되었고, 홑도포[No.12118]와 겹도포[No.12125]는 이엽삼이 진동선과 같은 선상에 있다.

③ 창의

3점 모두 겹옷으로, 조형성과 바느질법이 동일하다. 소매는 진동에서 사선형으로 커지다가 끝에서 둥글게 되어 있다. 겨드랑이에는 사각접음삼각형무가 달렸으며, 옆선에는 사다리꼴형 큰무를 달아주어 아래로 넓게 퍼진다. 뒷길 고대 중심에서 내려와 도련까지 길게 뒤트임을 주었다. 겉섶을 비롯한 가장자리를 두 땀 상침으로 둘러주었다.

대렴에 있었던 겹창의[No.12122]는 다른 2점보다 길이가 조금 길면서 품은 오히려 좁아서 전체적으로 날렵하게 보인다.

④ 중치막

겹 1점, 솜 1점, 솜누비 6점으로 총 8점의 중치막이 있으며, 수량이 많은 만큼 다소의 차이점이 보인다.

중치막 깃 너비가 10~11cm의 범위인데, 동정은 7~7.5cm 정도로 넓은 것이 특징이다.

수의로 입은 솜중치막[No.12099]은 위에 겹쳐 입은 다른 포류보다 길이가 길어 수의를 모두 착장했을 때 끝자락이 겉옷 아래로 드러나 보일 정도로 길이가 길다.

8점의 중치막 중 6점의 소매 모양은 진동에서 사선형으로 커지다가 끝 모서리가 둥글게 된 형태인데, 수의로 입은 솜누비 중치막[No.12100]과 대렴의 솜누비 중치막[No.12124]은 소매 모양이 완만한 붕어 배래형이어서 다른 6점 중치막의 소매와는 차이가 있다.

소렴에 넣어준 솜누비 중치막[No.12114] 옆선은 무가 달리지 않은 채로 옆이 트여있으나 나머지 7점은 겨드랑이에 사각접음삼각형무가 달렸고, 옆선에는 사다리꼴형 큰무를 달아주어 겨드랑이에서 일정 부분 내려와서 도련까지 길게 옆트임을 주었다.

대렴의 솜누비 중치막[No.12123]과 보공으로 넣어준 솜누비 중치막[No.12142]은 성급의 포류와 비교했을 때 품이 매우 작기 때문에 수례지의(襚禮之衣)의 가능성이 있는 옷이다.

바느질의 경우, 수의로 입은 솜누비 중치막[No.12100]과 대렴의 솜누비 중치막[No.12123]은 가장자리를 별단으로 마무리하였으며, 나머지 중치막은 솔기를 박아서 뒤집어주었다.

2) 조형적 특징

① 옷의 크기

옷을 입을 때 속의 옷이 겉옷보다 품이나 길이가 작은 것이 일반적이다. 성급의 복식은 이러한 경향을 잘 따랐으나 일부 특별한 경우도 있다. <표 8> 를 비교하며 알아본다.

도포가 창의보다 전체적으로 큰 편이다. 창의는 겉옷으로도 입지만 도포의 받침옷으로도 입기 때문에 크기의 차이가 적당하다고 할 수있다. 중치막은 겉옷으로도 입지만, 창의나 도포의 받침옷으로도 입는다.

성급의 중치막 중에서 5점의 크기로 보았을 때 도포나 창의의 받침옷으로도 적당하다고 생각된다. 그러나 이 중에서 대렴의 솜누비 중치막[No.12123]과 보공으로 넣어준 솜누비 중치막[No.12142]은 성급의 포류와 비교했을 때 수례지의 의 가능성이 있는 옷이다.

수의로 입은 솜중치막[No.12099]은 다른 중치막보다 매우 큰 편으로, 도포와 비슷한 크기이다. 앞에서 말한 바와 같이 수의를 모두 착장했을 때 끝자락이 겉옷 아래로 드러나 보일 정도로 길이가 길다. 이 때문에 수의용으로 특별히 만들었을 가능성을 생각해 볼 수 있을 것이다. 그러나 솜 옷의 바느질이 매우 정교하고, 수의로 입은 바지 3점도 착장 순서와 옷 크기가 비례하지 않는다. 따라서 솜중치막[No.12099]은 생전의 입었던 옷일 가능성이 더 크다.

〈표 8〉 성급 묘 출토 포류의 크기 비교

복식 종류	길이	화장	품	진동	소매 너비	비고
직령	135~135.5	115.5~117	55~58	27~30	37.5~41.5	
도포	141~144	114~121	51~55	29~30.5	40.2~46	
창의	132~138	106~115	46~50	28~30	38~40	
중치막 5점	127~139	101~112.5	50~54	25.5~30	35~36.5	
중치막 No.12123 / No.12142	128.5~130	100~104	37~41	24~24.7	35~35	수례지의 추정
솜중치막 No.12099	143	117.5	57.5	32.5	42.5	수의
홑 철릭	33	127.5	54	54	43.2	
솜 장옷	133	104.5	58	33.5	33	

② 소매 모양

출토 복식은 수십 년간의 출토 사례와 학술 성과로 인하여 유물의 구성적 특징으로 시대 구분이 가능할 정도가 되었다. 남성의 복식은 포의 종류, 무의 모양, 소매 모양 등으로 시대 구분이 가능하다.

성급의 복식 중 포류의 소매는 공통적인 특징이 있다. 소매 길이가 길고 진동에서 사선형으로 커지다가 끝 모서리가 둥글게 된 모양이 대부분이다. 이 외에 조금 다른 모양의 소매도 2점이 있는데, 수의로 입은 솜누비 중치막[No.12100]과 대렴의 솜누비 중치막[No.12124]은 진동에서 수구까지 둥글게 굴려진 완만한 붕어 배래 형태이다.

<표 9>는 1600년대~1700년대 전반기의 중 시대가 분명한 출토 사례 중 중치막이 출토된 것만 추린 것이다. 이에서 볼 때 1600년대 중반기까지는 중치막 소매의 모양이 길이가 길고, 겨드랑이에서 소매 끝으로 가면서 조금씩 넓어지는 형태이다. 1600년대 말 이후에 소매 폭이 넓어지면서 사각형태가 되고, 모서리는 둥근 모양으로 변화된다. 이러한 소매 형태의 변화는 중치막에 한정된 것이 아니라 1600년대 남성의 포(단령, 직령, 도포, 창의, 중치막) 종류의 복식을 대변하는 형태이다. <표 9>에서 볼 때 소매 너비가 넓고 사각 형태이며 모서리가 곡져있는 형태는 1600년대 말부터 나타나기 시작하여 1700년대 초반에 더욱 유행하는데 이 시기는 소매 너비가 45~55cm 정도로 넓은 편이며[8], 1700년대 중 반 이후에는 소매 너비가 60cm 이상으로 더욱 넓어진다.

이상과 같은 사례를 비교했을 때 성급의 묘에서 출토된 포류의 소매 형태는 1600년대 전반기 소매 양식을 대표한다고 할 수 있다. 또한 2점의 중치막에서 보이는 완만한 붕어 배래형 소매 양식은 그 시대에 있었던 특별한 사례로 추정되어 앞으로 묘주 미상의 시대 판별에 있어 비교 자료가 될 수 있다.

최진 (1500년대 후반)

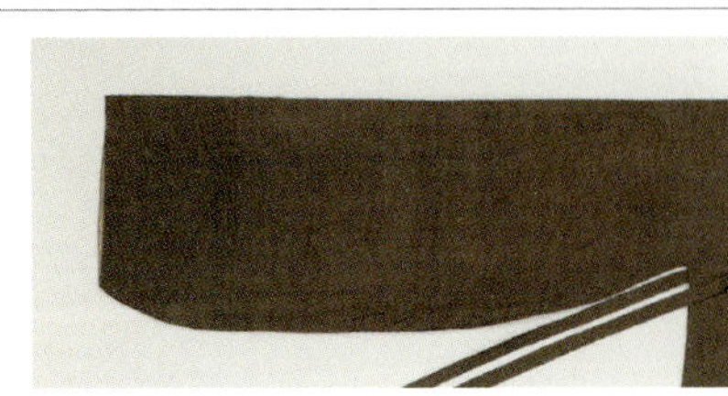
신경유 (1581-1633)

8) 국립민속박물관(2004). 남오성 묘 출토 복식 참조 / 단국대학교 석주선기념박물관 소장품 참조

김여온 (1596-1665)

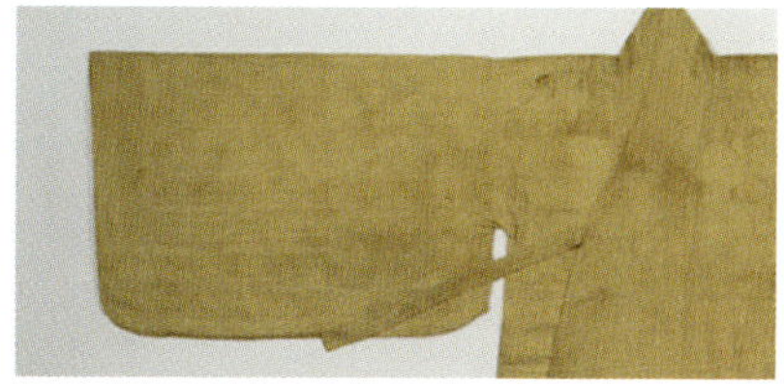

탐릉군 이변 (1636-1731)

그림 13 중치막 소매 모양의 시대 변화

〈표 9〉 1600년대~1700년대 전반기 무덤 출토 사례

묘주 명	관	출토 유물 종류	대표 복식	소장처
조경(趙儆) 1541-1609	무관	해치흉배1[사자흉배], 홑단령3, 철릭3, 액주름3, 홑답호2, 솜포1[누비과두], 겹직령포1[도포추정], 창의[중치막]1, 방령형상의1, 겹저고리3, 가래속옷1[단속곳], 복건1[수의용 모자], 멱목1, 악수1쌍, 육합모2[소모자], 이불	 직령포	서울역사박물관
강대호(姜大虎) 1541-1624	문관	겹단령1, 홑단령2, 직령1, 답호3, 철릭8, 직령포[도포]2, 방령형상의, 액주름5, 저고리2, 개당고1,단속곳1, 광다회1, 대렴금1, 지요1, 멱목1, 악수1, 오낭1[右足], 帽1(추정), 포조각1, 삼베조각, 명주조각	 도포	단국대학교 석주선기념박물관
이응해(李應獬) 1547-1626	무관	홑단령2, 겹단령2, 방령포1, 방령의2, 철릭6, 직령포3, 도포3, 창의6[중치막], 창의1[과두], 창의1[창의], 주의1, 저고리1, 이불1, 요1, 종교, 횡교, 자리1, 끈1[화문단 帶]	 중치막	충주박물관
김확(金矱) 1572-1633	문관	심의1, 단령2[겹단령1, 홑단령1], 직령1, 철릭7, 도포5, 창의3, 중치막17, 저고리3[칼깃], 한삼1, 배자2, 바지4, 복건1, 버선1, 습신1[운혜], 멱목1, 관내의1, 관1, 이불2, 교포종교, 교포횡교, 삽	 중치막	경기도박물관
신경유(申景裕) 1581-1633	무관	겹단령3, 사자흉배1, 대1, 조복의1, 조복상1, 폐슬1, 후수1, 대대, 직령1, 무수無袖방령포2, 장수長袖방령포2, 창의5, 철릭8, 도포12점, 중치막29, 사폭바지2, 회장저고리1점, 복건1, 운혜1쌍 / 기타 -명정1, 현, 훈1, 멱목1, 악수1쌍, 낭2, 이불2, 지요1, 구의1	 중치막	단국대학교 석주선기념박물관
한준민(韓俊敏) 1570~1638	문관	단령1, 철릭1, 중치막4, 장옷1, 한삼1, 바지2, 버선1, 습신1, 소렴금1, 소렴종대1, 소렴횡대1, 대렴종대1, 대렴횡대1, 끈1, 베개1, 자리1	 중치막	단국대학교 석주선기념박물관
김여온(金汝溫) 1596-1665	무관	단령2, 철릭2, 창의1, 중치막10, 소창의1, 배자1, 저고리1, 한삼1, 바지2, 품대1, 사모1, 망건1, 흑화1켤레, 멱목1, 악수1쌍, 소렴금1, 대렴금1, 베개1, 지요1, 두발낭1	 중치막	안동대학교 박물관
최원립(崔元立) 1618-1690	무관	겹단령1, 철릭1, 창의류11[대창의2 중치막3 소창의5], 협수1, 직령[주의]1, 전복3, 저고리4, 바지2, 망건, 복건1, 전대1, 토시1쌍, 裸1[멱목], 이불2, 명정추정1, 명정부속추정1[구의 윗면], 예단2[현훈], 목관1, 칠성판1, 삽4, 수염, 묘지3	 중치막	이화여자대학교 박물관
최숙(崔橚) 1636-1698	무관	단령3, 사모1, 망건1, 각대1, 철릭3, 전복1, 괘자1, 반수답호1, 창의3, 중치막23[소창의9, 중치막1], 바지부리2, 적삼소매, 저고리길 부분, 대렴금1, 소렴금1, 천금1, 지요1, 멱목1, 악수1쌍, 육낭(좌수, 우수, 좌족, 우족, 두발, 치아낭), 베개1, 구의1, 현1, 훈1, 관내의	 중치막	단국대학교 석주선기념박물관
남오성(南聚卿) 1643-1712	무관	단령3, 대창의4, 중치막8, 소창의15, 저고리1, 바지3, 대1, 관내의1, 염포1, 지요1, 천금1, 이불2, 베개1, 낭1, 악수1, 멱목1, 망건1, 사모1, 화1 종50점 / 기타-목관, 칠성판, 비석, 상석, 고석, 향로석, 망주석, 문인석 등	 중치막	국립민속박물관
탐릉군 이변 1636-1731	문관	흉배2쌍, 관복3[단령], 철릭2, 중치막20[중치막10점, 소창의10점], 창의 5, 중단1[협수, 답호3(2점 뒤트임, 1점 옆트임), 도포2, 겹저고리1, 속적삼1, 겹저고리1(소매탈락), 배자1, 습신[화]1쌍, 습용사모1, 베개1, 두발낭1, 우족낭1, 좌수낭1, 습용 망건1, 습용 각대, 악수1외짝, 요내1, 천금3, 지요1 , 구의1, 대렴금2, 바지6, 명정1	 중치막	단국대학교 석주선기념박물관

3) 소재의 특징

유물의 소재는 명주, 면포, 모시, 삼베 등으로 이루어졌으며, 화조문단은 일부 사용되어 소박한 편이다. 식물성과 동물성 섬유가 공존하여, 겹-솜, 겹누비-솜누비 등으로 구성이 명확하다. 솜옷에 넣어준 솜은 모두 면솜이다. 60점의 유물 중에 포, 저고리, 바지의 옷 종류는 33점을 차지하며, 구성적으로는 홑옷 10점, 겹옷 7점, 솜옷 5점, 솜누비옷 11점의 분포이다. 소량의 옷을 이용하여 관을 가득 채우기 위한 솜과 솜누비 재질이 많이 사용되었던 것으로 보여진다.

Ⅲ. 평창이씨 복식

1. 복식 종류

앞에서 언급한 바와 같이 평창이씨의 관에서 2개의 칠성판으로 염한 것으로 보아 이미 한 번의 이장이 있었음이 확인된다. 원래 염한 것을 칠성판에 올려놓은 상태 그대로를 첫 번째 이장을 하면서 새로 마련한 이불에 싸서 새로운 칠성판에 깔아서 관 속에 넣었던 것이다. 또한 염습 단계를 생략한 듯, 그 과정이 매우 단순하였고, 직물 상태가 남편인 성급보다 매우 약화되어 있었다. 수습한 유물은상태가 매우 불량하여 후에 총 8점으로 정리되었다.

종류는 장옷 1점, 저고리 1점, 치마 1점, 개당고 1점, 이불 1점, 현 1점, 훈 1점, 관내의 조각 1점이다.

〈표 10〉 평창이씨 묘 출토 유물

연번	유물번호	유물명	사진	직물	구성	길이	화장	품	연번	유물번호	유물명	사진	직물	구성	길이	너비
1	B012157	저고리		화문단	겹	60	75	51	5	B012161	이불		화문단, 명주	겹	210	160
2	B012158	장옷		무문단.명주	겹	127	67	67	6	B012162	현		명주	홑	188	31.5
3	B012159	개당고		명주.명주	겹	80~85	1폭34		7	B012163	훈		명주	홑	334	28
4	B012160	치마		명주.명주	겹	86~92	1폭34 총9폭		8	B012164	관내의 조각		명주	홑	152	상33 하27.5

2. 유물의 구조 분석

1) 저고리

평창이씨 유물 중에서 완형을 갖춘 유일한 옷이다.

저고리는 겉감은 화조문단[새1. 2, 월계, 매화, 모란, 석류]이며 안감은 명주로 만든 겹옷이다. 겉감과 안감 사이에는 풀솜을 두었다.

깃은 몸판과 다른 옷감인 연화문단을 사용하였으며, 몸판보다 색상이 짙은 별색이다. 겉깃은 내어달린 목판깃이며 안깃은 반 들여 달린 목판깃형태이다. 깃너비는 10cm이며, 깃에는 7cm너비의 넓은 동정이 달렸다. 고름은 탈락되었다.

소매는 너비 26cm의 일자형 소매이며, 옆선에는 겨드랑이가 안으로 휘어진 곡선 형태이며 옆선에 한쪽무를 달아주어 도련으로 갈수록 넓다. 도련은 곡선이 매우 심화된 상태로 옆선과는 4.5cm의 차이를 보인다.

그림 13 연화문단으로 만든 깃

그림 14 6가지 무늬로 된 몸판

그림 15 겉깃 펼친 모습

그림 16 뒷길 모습

2) 기타

장옷, 바지, 치마 등은 유물을 수습할 당시에는 완형으로 보였으나, 박물관에 도착 후 조사 과정에서 재봉실이 퇴화되어 형태만 유지하고 있는 것이 확인되었다. 따라서 보존 처리 이후에는 형태가 모두 분해되어 옷감으로만 남아 있다.

장옷은 겉감은 무문단, 안감은 명주로 만든 겹 상태이다. 겉깃과 안깃이 들여 달린 목판깃 형태이며, 일자형 소매 끝에는 명주로 만든 끝동이 달려 있다. 옆선의 겨드랑이에는 화문단 사각접음삼각무가 달리고 그 옆에 사다리꼴 큰무를 달아주었다. 옷감이 매우 퇴화되어 기본 치수만 확보하였다.

바지는 명주로 만든 겹옷이다. 좌우 가랑이에 삼각바대가 달린 개당고형으로, 허리말기, 좌우 바지통, 좌우에 달린 삼각바대 2개의 구성으로 남아 있다.

치마는 명주로 만든 겹 치마이다. 허리말기와 옷감 폭으로 남아 있다.

이밖에 이불은 동정(16cm), 깃(24cm), 길로 구성되어 있으며, 현훈과 관내의는 일부 조각만 남아 있다.

그림 17 바지의 초기 상태

그림 18 치마의 초기 상태

3. 평창이씨 복식의 특징

평창이씨의 유물은 수량이 소략하여 복식의 특징을 헤아리는 것에 한계가 있다. 다만, 여성의 저고리가 망자의 생존 시대 판별에 유용한 자료이기 때문에 평창이씨의 저고리에서 시대적 특징을 확인할 수 있다.

저고리에 쓰인 화조문단 옷감은 입에 절지형 잎사귀를 물고 있는 한 마리 새와, 반대 방향으로 날개짓을 하고 있는 또 다른 새 등 모두 두 종류의 새 무늬가 있으며 꽃은 모란, 월계, 석류, 매화 등 4계절을 나타내는 무늬이다. 이 무늬는 단국대학교 석주선기념박물관 소장의 양천허씨(1566-1626) 묘 출토 장옷의 사계화 무늬[9]와 동일하다. 그림 19

여성 저고리의 곁깃 양식은 16세기에는 목판깃 형태이며, 17세기 초반에는 목판깃과 목판당코깃이 공존하고 17세기 중반에 접어들면서 목판당코깃 양식이 완전히 정착한다.[10] 따라서 평창이씨의 저고리는 목판깃형인 곁깃 모양 그림 20을 통해 1600년대 초반 양식으로 볼 수 있다.

이와 같이 저고리의 조형성과 두 차례의 이장 전력으로 보아, 평창이씨는 생존 시기는 남편 성급보다는 이른, 1600년대 초반으로 볼 수 있다.

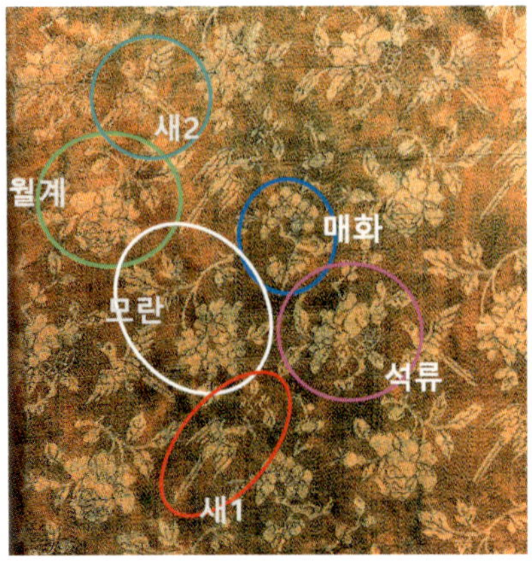

그림 19 양천허씨 묘 출토 장옷의 사계화 무늬

그림 20 평창이씨 저고리의 목판깃 모습.

9) 단국대학교 석주선기념박물관 편(2001). 조선시대 피륙의 무늬, p.153.
10) 이명은(2011.5), 전북 부안 고부이씨(古阜李氏) 묘(墓) 출토 유물에 관한 연구. 韓國服飾 第二十九號. 단국대학교 석주선기념박물관, p.103.

Ⅳ. 맺음말

조선 시대에는 중국으로부터 들여온 주자(朱子)의 『가례家禮』에 근거하여 시신을 매장하는 장례 방식을 따랐다. 옷들은 수의-소렴-대렴-보공의 순으로 관을 가득 채워주게 되는데, 시신이 썩는 것이 애처롭기 때문에, 또는 시신의 흉한 모습이 후손들에게 보이는 것을 꺼리기 때문에 많이 입히는 것이라 하였다. 성급과 부인 평창이씨의 관 속에도 옷이 가득차 있었다. 특히 성급의 묘에서 출토 작업을 하면서 당시의 염습 과정을 보존하였기에 『가례』와 『상례비요』를 기반으로 한 1600년대 양반가의 상례를 확인할 수 있다. 출토되는 옷들은 대부분이 망자가 생시에 입었던 옷들이어서 동시대의 의생활을 보여준다. 또한 수십 년간의 출토 사례와 학술 성과로 인하여 유물의 구성적 특징으로 시대 구분이 가능하다. 성급의 복식을 통해서 확인된 복식 하나하나의 특징과 종류별 특징은 복식의 시대 판별에 매우 유용한 자료가 될 수 있을 것이다.

단국대학교 석주선기념박물관에서 1981년 이래로 매년 개최하여 온 특별전과 학술대회는 언제나 여러 사람의 도움으로 진행되어 왔다. 올해의 제40회 특별전은 창녕성씨 성급과 평창이씨의 유물 출토에 기여한 김우림 관장(前 서울역사박물관), 박성실 교수(前 단국대학교 대학원), 채정민, 김연자, 오혜경 연구진의 공이 컸으며, 특별전이 개최되기까지 유물 보수와 전시에 도움을 준 한광순 선생님 이하 많은 연구진의 참여가 있었다. 모두에게 감사함을 전한다.

참고문헌

申義慶(1621). 喪禮備要.
李縡(1680 ~ 1746). 四禮便覽.
국립문화재연구소(2006). 우리나라 전통무늬 1 직물. ㈜눌와.
국립민속박물관(2004). 남오성 묘 출토 복식
국립안동대학교박물관(2005). 17세기의 무관옷 이야기.
단국대학교 석주선기념박물관 편(2001). 조선시대 피륙의 무늬.
단국대학교 석주선기념 민속박물관 편(1981). 제1회 수의 특별전.
박성실(2008). 경기도 광주 출토 정사공신 신경유 복식 고찰. 정사공신 신경유公 墓 출토복식. 단국대학교 출판부.
이명은(2011). 전북 부안 고부이씨(古阜李氏) 墓 출토 유물에 관한 연구」. 韓國服飾 第 二十九號. 단국대학교 石宙善紀念博物館.
이명은(2012). 진성이낭 묘 출토복식 연구. 진성이낭 묘 출토유물 보존. 문화재보존과학센터.
李廷龜(1688). 月沙先生集(서울대학교 규장각한국학연구원, 古3428-30).

The Analysis of the Structure of Excavated Garments from the Tomb of Seong Geup and His Wife.

Lee Myung Eun

Many clothing artifacts are found in the coffins containing a corpse during National Land Developments or when a residency of the tomb is moved by a family clan in which the respective ancestors were part of. The clothes are found in the tombs of noblemen of the Joseon Dynasty and we can assume the identity and the status of the deceased from the letters written on the funeral flag placed on top of the coffin. The relics recovered from the tomb were named "Excavated Clothing" in modern times and have been preserved as valuable assets. As a result of extensive studies, it has been proven that the excavated garments once recognized as burial garments, had been worn by the deceased in daily life during his or her lifetime. Entering the 2000s, the importance of excavated clothing became known and there have been increasing reports by the clans about their ancestors. Accordingly, clothing relics began to be systematically excavated by the experts.

This study analyzed the formativeness of clothing and examined their historical value through the clothing of noblemen in the 1600s, which was excavated by a clothing expert who took part in the excavation work.

On May 7th, 2005, the tomb of Seong Geup (1553–1621) buried with his wife whose family name was Yi of Pyeong-chang ("Madam Pyeong-chang Yi, estimated as the early 17th century) was relocated to a different place during which many clothing relics were discovered from the tomb, 68 pieces in total. The property in the mountain of the Seong clan of Chang-nyeong, located in Paju, Gyeonggi-do had been expropriated by the government for a National Land Development project. The clothing were worn for burial purposes, wrapped (for Soryeom and Daeryeom), or used to fill in the empty spaces (for Bogong) for the ritual procedures of the funeral. These clothing were those that the deceased had worn in their daily life during their lifetime. Amongst the most frequently excavated type was the Po(long coat which is similar to the Durumagi of current times) worn by men when they would go out. It is composed diversely of cotton quilts, pieces of cotton, double- and single-layer clothes. The composition of materials were evenly distributed in silk, cotton, or hempen fabrics. The period of time in which the clothing would have originated could be assumed through the formativeness of clothing. As for the relics from the tomb of Seong Geup, it was possible to distinguish the period of time by the sleeves of Po for males. The sleeve shape enlarged from the armpit towards the end of the sleeve, which was the typical shape of men's clothing seen in the early 1600s, also consistent with the timing of the death of Seong Geup. From the tomb a Jing-nyeong(man's coat with a straight collar) was excavated as well, which had not been seen in the mid-1600s. Assuming from the quantity of excavated clothing, the Jungchimak(man's coat with long side slits) is presumed to be the most frequently worn clothing for men of that period.

A total of eight pieces of clothing of Madam Pyeongchang Yi were excavated from the tomb. As her tomb had been moved once to be buried together with her husband, a very small number of clothing were excavated from this tomb. With the shape of the collar of a Jeo-go-ri(jacket) being square(*mokpangit*), and the size of the clothing being relatively small, it is estimated to have originated from the early 1600s.

For the relics of Seong Geup and his wife Madam Pyeong-chang Yi, the participation of clothing experts from the very early stages of the excavation process made it possible to preserve the stages of shrouding. This confirmed a more realistic shrouding process of the Joseon Dynasty than any previous excavation cases. In addition, through the formativeness of the clothing according to the time period was confirmed with the results of prior studies.

도식화

Select Diagrams with Measurements

圖式

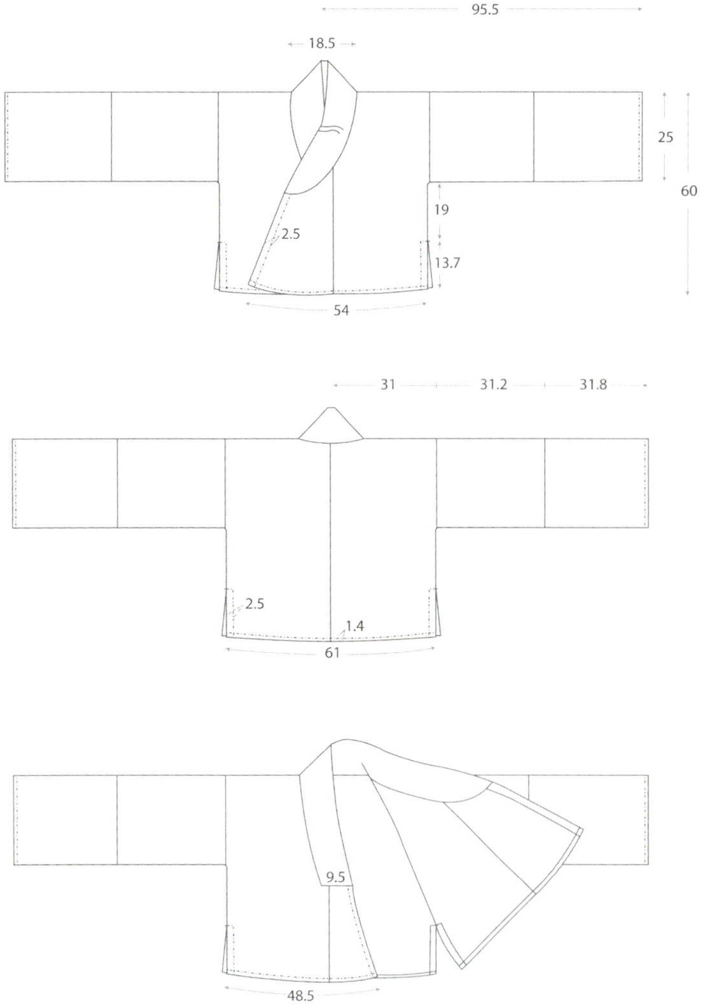

홑 적삼

No.12097

구성	홑
소재	명주
겉감 너비	33
염습 상태	습의

길	길이	60
	화장	95.5(31+31.2+31.8)
	뒤품	62
소매	진동	25.5
	소매 너비	25.5
	수구	25
깃	고대	18.5
	깃 총길이	91.5
	깃 너비	10
	겉깃 길이	37.5
	안깃 길이	33
	동정	없음
섶	겉섶 너비(上/下)	14 / 23.4
	겉섶 길이(內/外)	39 / 29.5
	안섶 너비(上/下)	6.5 / 13.5
	안섶 길이(內/外)	17 / 16.5
옆선 길이		32
옆트임 길이		13.7(진동점 下19)
도련(곡선)	뒷길 / 겉섶 / 안섶	61 / 54 / 43.5
고름		없음
비고	안깃 모양: 들여 달린 목판 깃	

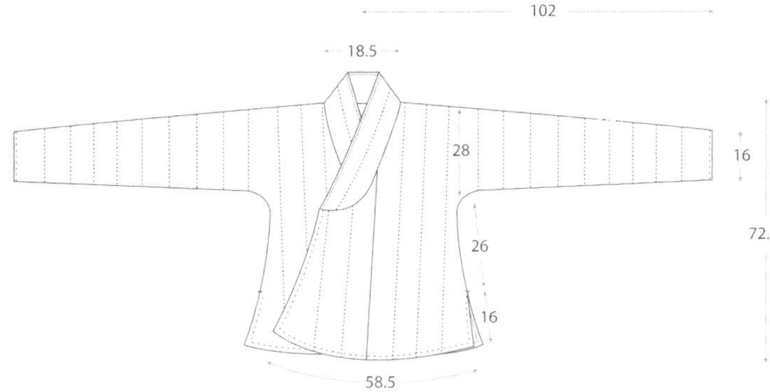

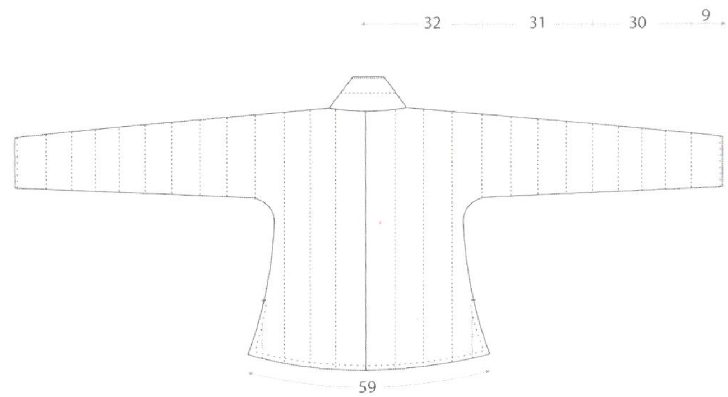

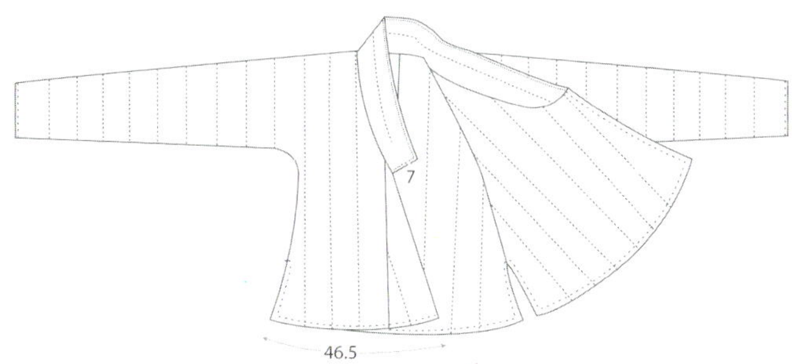

솜누비 저고리

No.12098

구성	솜누비
소재	명주 / 명주
겉감 너비	32
염습 상태	습의

	길이	72.5
길	화장	102(32+31+30+9)
	뒤품	56
	진동	28
소매	소매 너비	23
	수구	16
	고대	18.5
	깃 총길이	97
	깃 너비	10
깃	겉깃 길이	40
	안깃 길이	35
	동정	탈락
	겉섶 너비(上/下)	17 / 28
섶	겉섶 길이(內/外)	54.7 / 37.5
	안섶 너비(上/下)	3 / 13
	안섶 길이(內/外)	45.5 / 40
	옆선 길이	42
	옆트임	16(진동점 下26)
도련(곡선)	뒷길 / 겉섶 / 안섶	59 / 58.5 / 46.5
	누비 간격	8
	고름	탈락
비고	솜 두께 0.8cm	

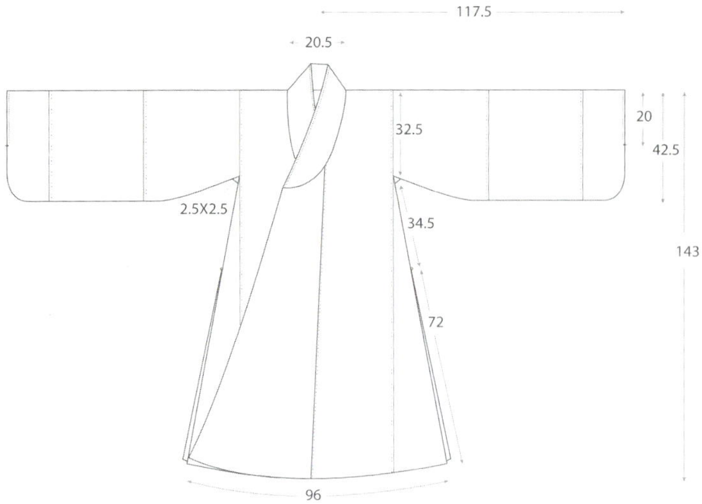

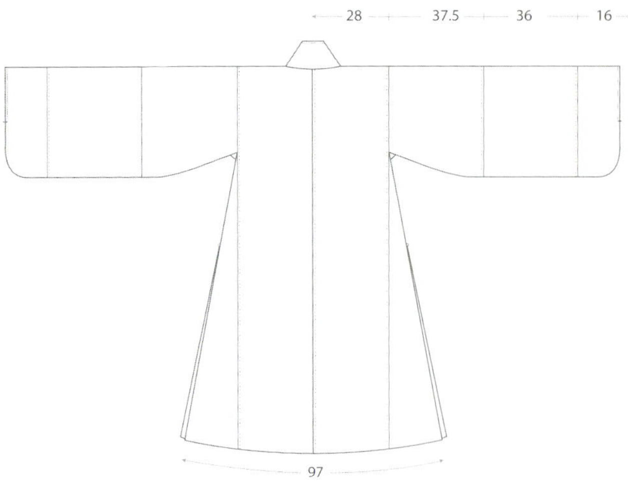

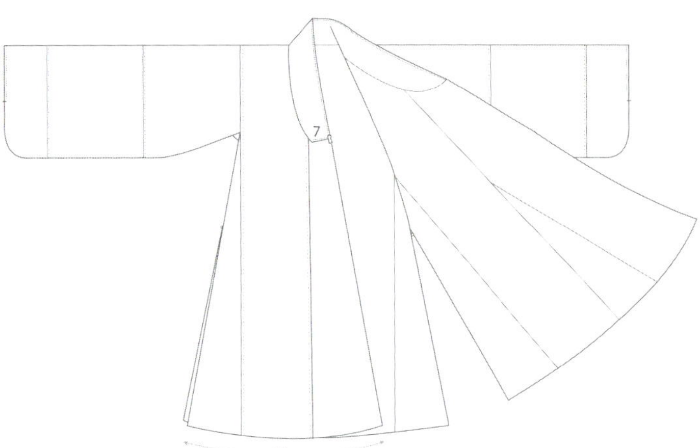

솜 중치막

No.12099

구성	솜
소재	명주 / 명주
겉감 너비	38
염습 상태	습의

길	길이	143
	화장	117.5(28+37.5+36+16)
	뒤품	57.5
소매	진동	32.5
	소매 너비	42.5
	수구	20.5
고대		20.5
깃	깃 총 길이	102
	깃 너비	11.2
	겉깃 길이	43.5
	안깃 길이	36
	동정	탈락
섶	겉섶 너비(上/下)	15.5 / 47.5(36+12)
	겉섶 길이(內/外)	116.5 / 102
	안섶 너비(上/下)	8.5 / 28.5
	안섶 길이(內/外)	109 / 107.5
옆선 길이		117
사각접음삼각무		2.5 × 2.5
무	너비(上/下)	0.5 / 22.5
	길이(內/外)	111 / 110
옆트임		72(삼각무 下34.5)
도련(곡선)	뒷길 / 겉섶 / 안섶	97 / 96 / 71
고름 너비		안고름 3.2
비고	솔기 이음선마다 드물게 홈질하여 줌.	

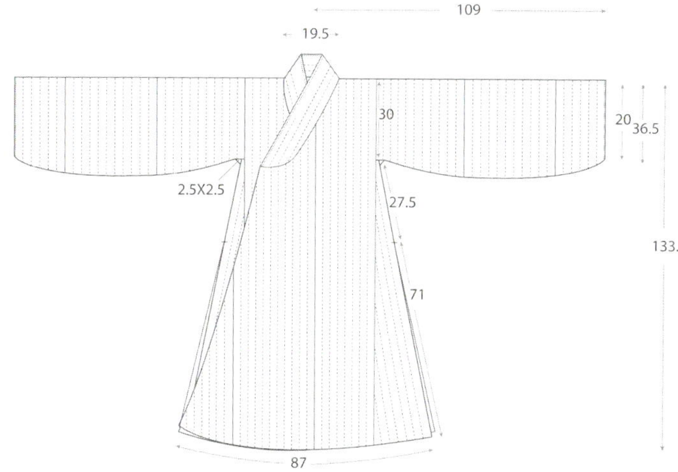

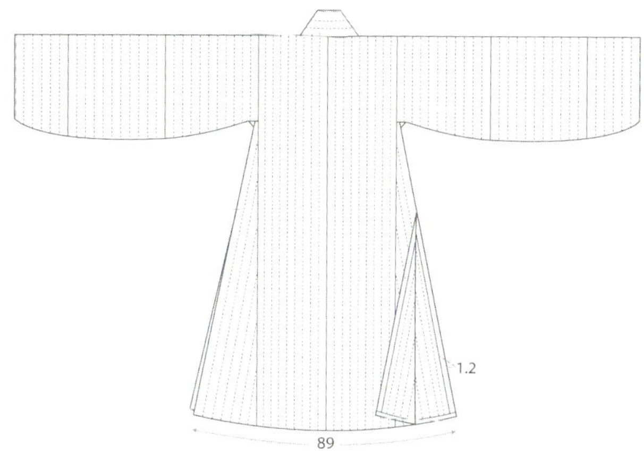

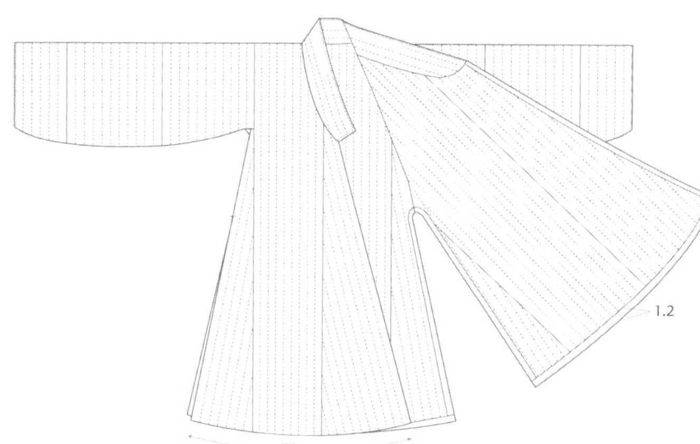

솜누비 중치막

No.12100

구성	솜누비
소재	명주
겉감 너비	36
염습 상태	습의

길	길이	133.5
	화장	109(24+34.5+34.5+16)
	뒤품	53
소매	진동	30
	소매 너비	36.5
	수구	28.5
고대		19.5
깃	깃 총길이	98
	깃 너비	10.3
	겉깃 길이	43
	안깃 길이	36
	동정	탈락
섶	겉섶 너비(上/下)	20 / 43.5(11+33.5)
	겉섶 길이(內/外)	116 / 97
	안섶 너비(上/下)	5.5 / 29
	인섶 길이(內/外)	105.5 / 98
옆선 길이		98.5
사각접음삼각무		2.5 × 2.5
무	너비(上/下)	1.5 / 24(사다리꼴무)
	길이(內/外)	102 / 100
옆트임		71(삼각무 下27.5)
도련(곡선)	뒷길 / 겉섶 / 안섶	89 / 87 / 73
누비 간격		3.0 ~ 3.2
고름 너비		겉고름 2.2 / 안고름 2.2
비고	겉섶, 도련, 트임 가장자리 별단으로 선단 처리함.	

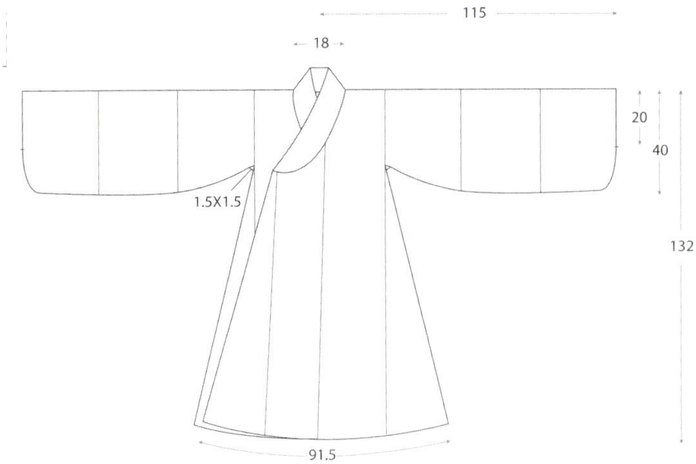

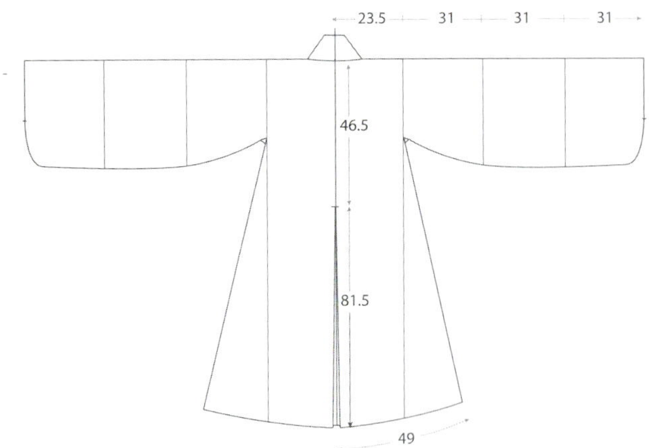

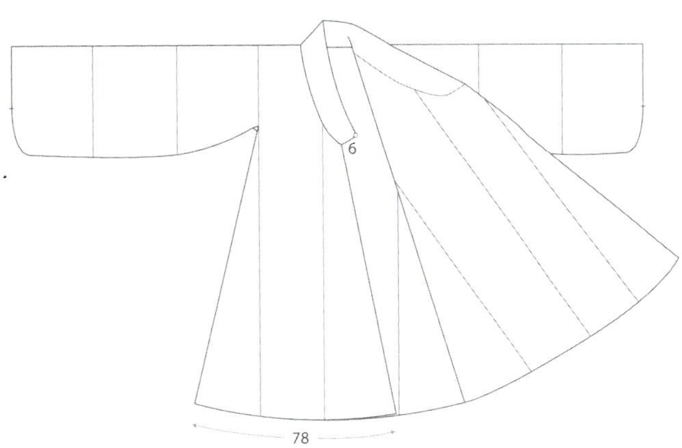

겹 창의

No.12101

구성	겹
소재	명주 / 명주
옷감 너비	32
염습 상태	습의

길	길이	132
	화장	115(23.5+31+31+31)
	뒤품	53.5
소매	진동	29.5
	소매 너비	40
	수구	20
고대		18
깃	깃 총길이	100
	깃 너비	10
	겉깃 길이	43.5
	안깃 길이	39
	동정	탈락
섶	겉섶 너비(上/下)	19.5(2+17.5) / 43(20+23)
	겉섶 길이(內/外)	111.5 / 98
	안섶 너비(上/下)	6.5 / 28
	안섶 길이(內/外)	105.5 / 95.5
옆선 길이		97.5
사각접음삼각무		1.5 × 1.5
무	너비(上/下)	1.5 / 26
	길이(內/外)	102.5 / 99
뒤 트임		81.5(고대점 下46.5)
도련(곡선)	뒷길 / 겉섶 / 안섶	49 / 91.5 / 78
고름 너비		안고름 너비 1.2
비고	뒤 트임	

홑직령

No.12102

구성	홑
소재	면포
옷감 너비	34
염습 상태	습의

길	길이	135.5
	화장	115.5 (33+33.5+33.5+1 5.5)
	뒤품	58
소매	진동	27
	소매 너비	36.2~37.5
	수구	17.5
깃	고대	18.5
	깃 총길이	95
	깃 너비	11.5
	겉깃 길이	39
	안깃 길이	36.5
	동정	-
섶	겉섶 너비(上/下)	18 / 46(12.5+33)
	겉섶 길이(內/外)	113.5 / 106
	안섶 너비(上/下)	7 / 14.5
	안섶 길이(內/外)	107 / 99
앞무	너비(上/下)	14.5/ 16.5
	길이(內/外)	103.5 / 112
뒷무	너비(上/下)	12.5 / 14.5
	길이(內/外)	103.5 / 110
어깨바대		가로 32 / 세로 앞 9.5, 뒤 18
도련(곡선)	뒷길 / 겉섶 / 안섶	129 / 102.5 / 90
고름 흔적		겉고름 2.2 / 안고름 1.5
비고	겨드랑 바대는 겉면 쪽에서 박음질 하여줌. 앞 무가 뒤 무보다 넓고 길다.	

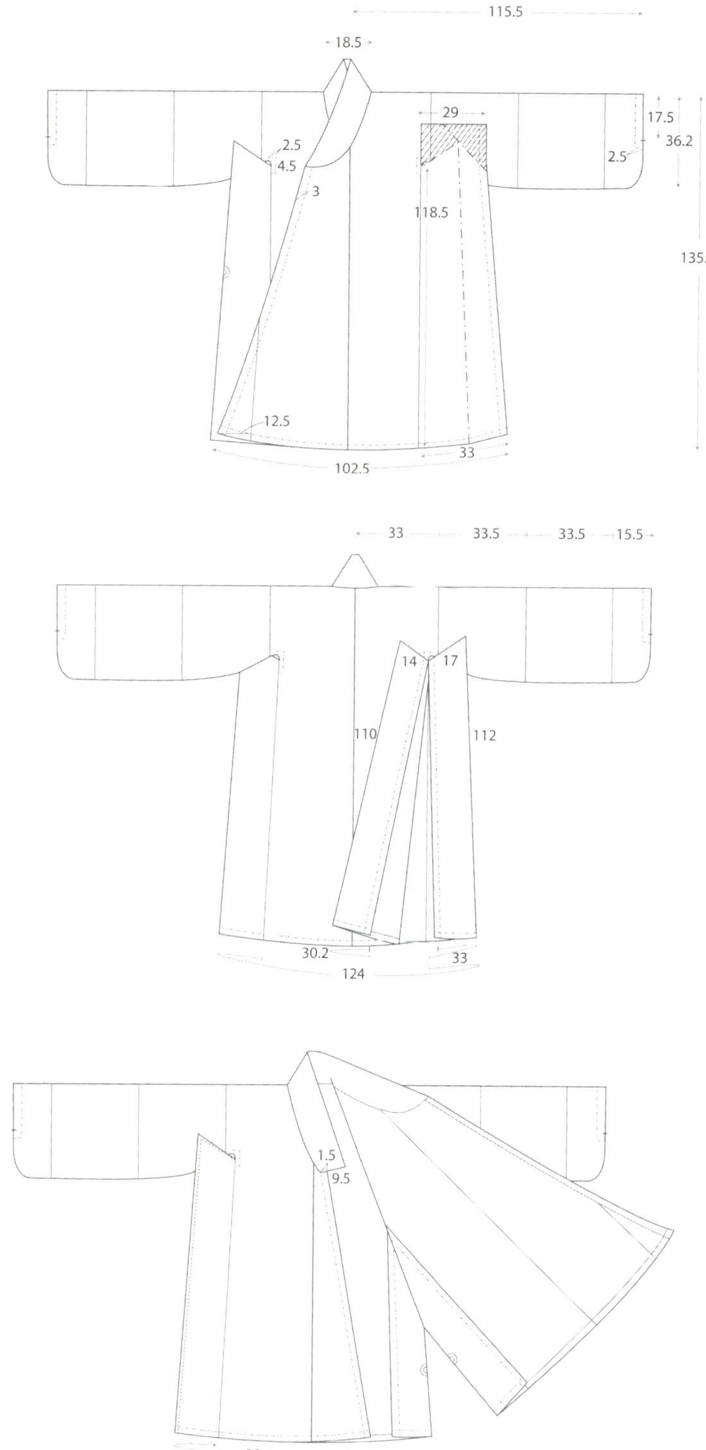

직령대

No.12103

구성	겹
소재	화조문단
염습 상태	습의

길이	248
너비	3.3
비고	양 끝에 글씨 있음(판독 불가)

홑바지 No.12104

구성	홑
소재	면포
옷감 너비	34
염습 상태	습의

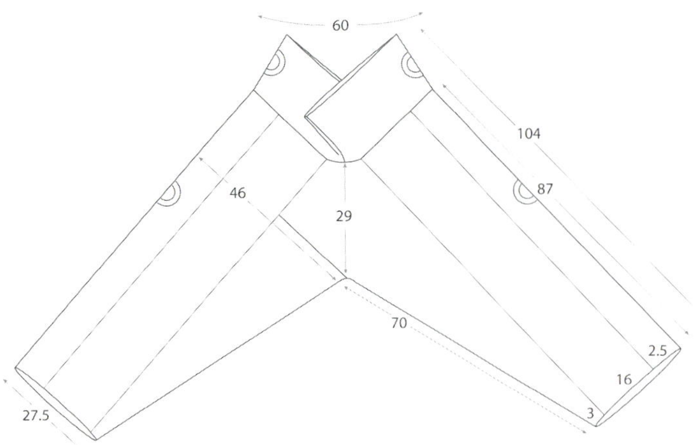

구분			치수
총길이(말기 포함)			104
바지 길이			87
허리말기	둘레(½)		60
	너비		16
바지 통	둔부(¼)		46
	부리		27.5(앞 3+16+8.5 / 뒤 25+2.5)
	큰 사폭	길이	外69 / 內82
		너비	上17.5 / 中21.5 / 下3
	작은 사폭	길이	外69 / 內65.5
		너비	上21 / 下2.5
밑위 길이			29
밑아래 길이			70
비고	폭 이음 시접 변사 사용하여 끝끝이 박음질함.		

겹바지 No.12105

구성	겹
소재	면포 / 면포
옷감 너비	34
염습 상태	습의

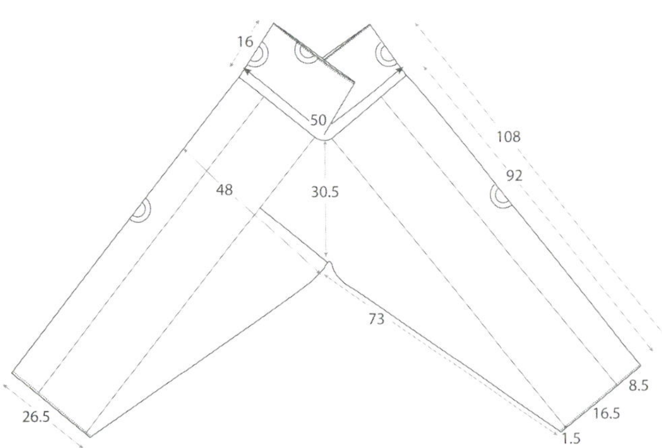

구분			치수
총길이(말기 포함)			108
바지 길이			92
허리말기	둘레(½)		55
	너비		16
바지 통	둔부(¼)		48
	부리		26.5(앞 2+24.5 / 뒤 8.5+16.5+1.5)
	큰 사폭	길이	外75 / 內91
		너비	上22.5 / 중25.5 / 下1.8
	작은 사폭	길이	外73.5 / 內69.5
		너비	上23 / 下2
밑위 길이			30.5
밑아래 길이			73
비고	허리말기와 부리 끝을 박음질로 상침함.		

솜누비 바지

No.12106

구성	솜누비
소재	명주 / 명주 / 솜
옷감 너비	31
염습 상태	습의

총길이(말기 포함)			110
바지 길이			94.5
허리 말기	둘레(½)		57
	너비		15.5
바지 통	둔부(¼)		41
	부리		27(앞4.5+22.5 / 뒤4+15+7.5)
	큰 사폭	길이	外74.5 / 內94
		너비	上21 / 下4.5
	작은 사폭	길이	外74 / 內72.1
		너비	上20 / 下4.5
밑위 길이			27
밑아래 길이			71
누비 간격			허리말기 4.5~5 / 몸판 4
비고	허리 말기와 부리 가장자리 홈질 상침.		

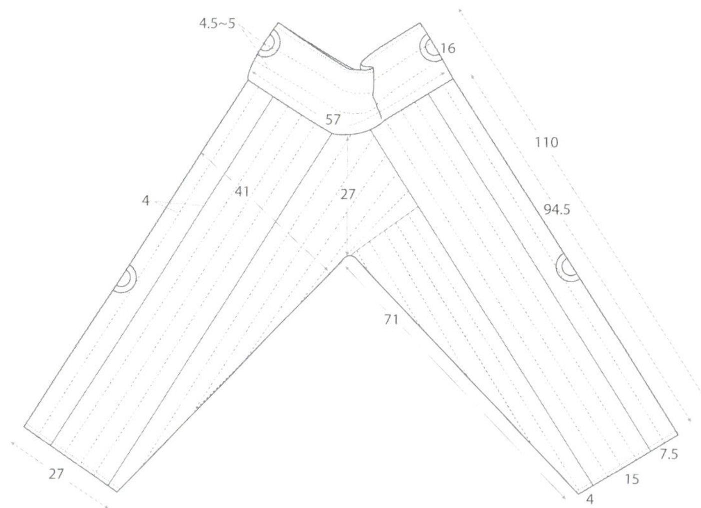

멱목

No.12107

구성	솜
소재	화조문단 / 면포
옷감 너비	-
염습 상태	습 제구

몸판	가로	21
	세로	22
끈	길이	24
	너비	0.8
비고		

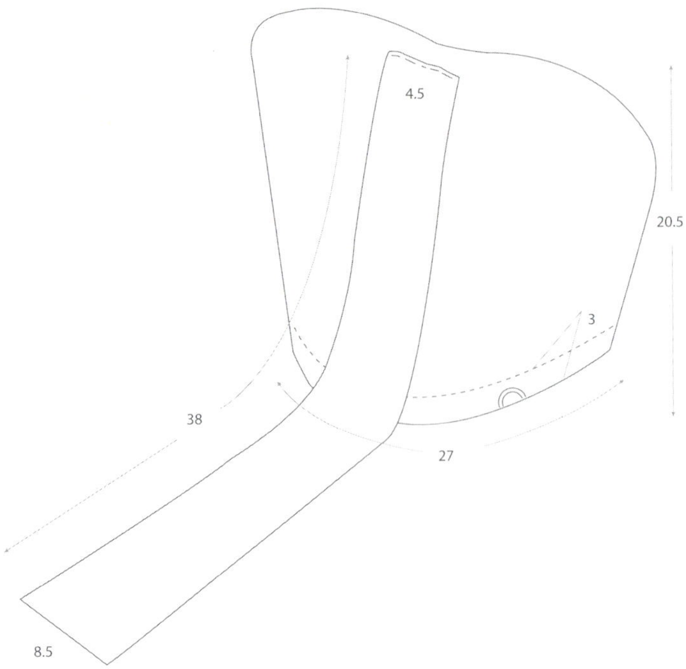

수의 모자

No.12108

구성	겹
소재 (겉/안)	화조문단 / 명주
옷감 너비	-
염습 상태	습 제구

모자	높이	20.5
	너비	27
드림	길이	38
	너비	上4.5 / 下8.5
비고	한지 배접하여 3겹으로 만듦.	

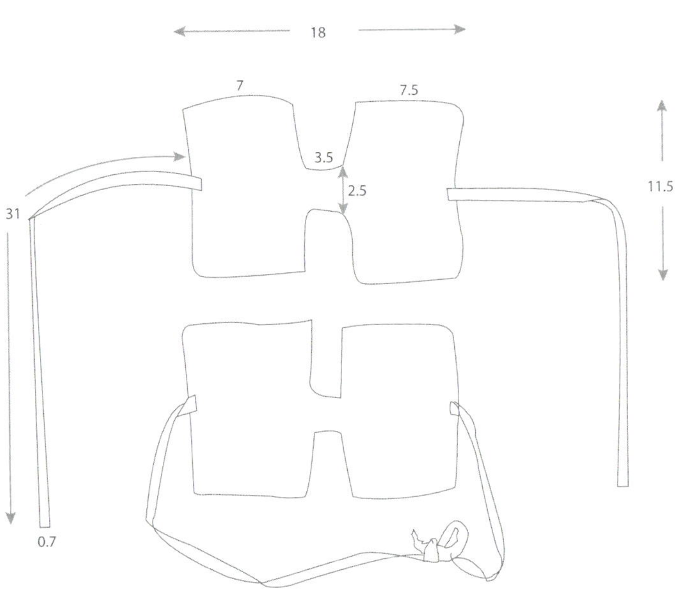

악수

No.12109

구성	솜
소재 (겉/안)	화조문단 / 면포
옷감 너비	-
염습 상태	습 제구

손싸개	가로	18(7+3.5+7.5)
	세로	11.5(홈 2.5)
끈	길이	31
	너비	0.7
비고	-	

솜버선

No.12110

구성	솜
소재 (겉/안)	무명 / 무명
옷감 너비	습의

길이	30
발길이	26.5
버선목	18
회목	17
비고	안 앞쪽 부분에 창구멍을 내어줌.

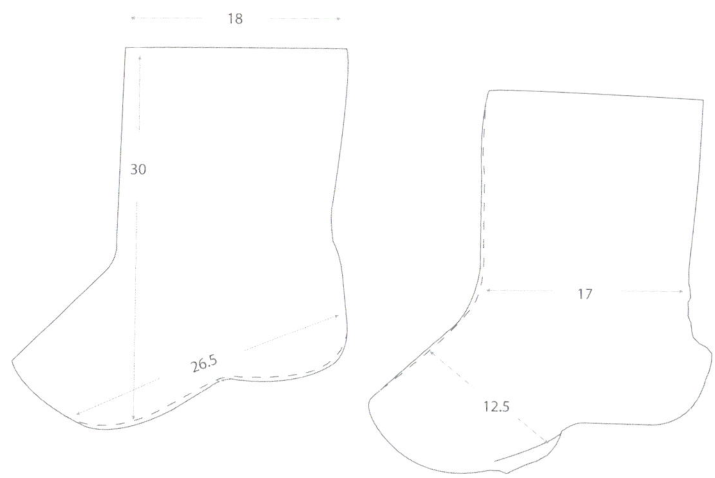

습신

No.12111

구성	겹
소재 (겉/안)	명주 / 한지
옷감 너비	-
염습 상태	습의

발 길이	25.5
볼 너비	9
뒤축	7
신울 높이	3.4
비고	명주에 한지를 배접하여 사용함.

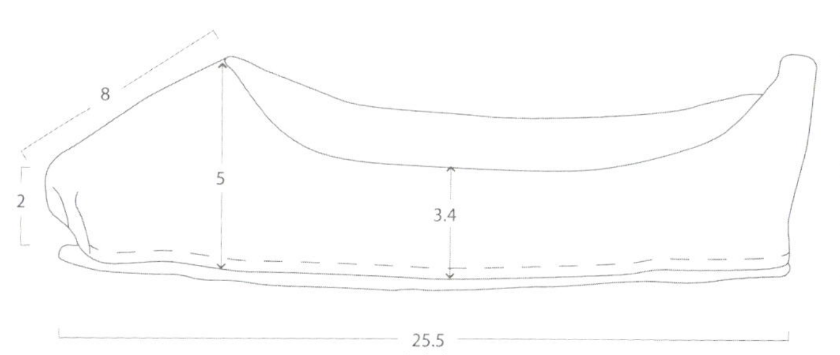

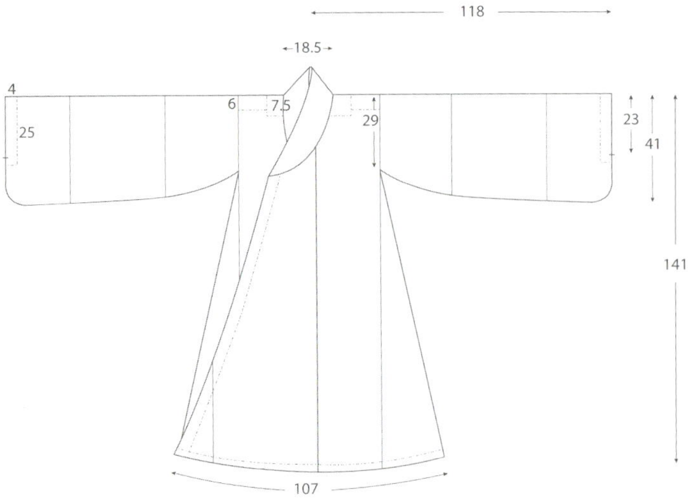

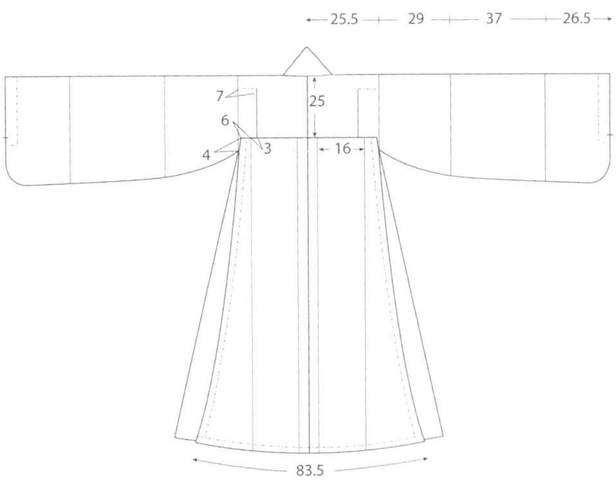

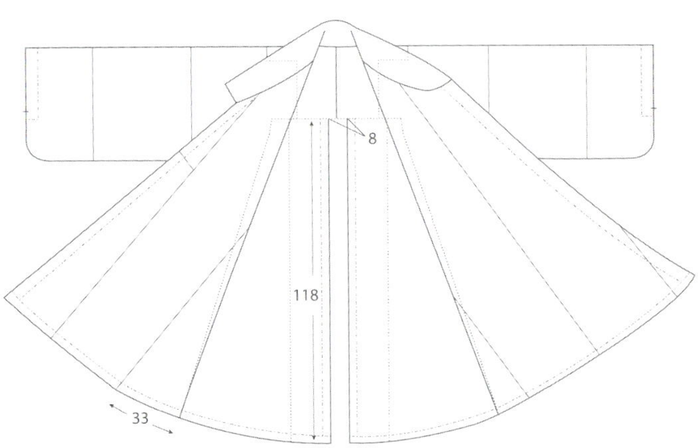

홑도포

No.12112

구성	홑
소재	초
옷감 너비	38
염습 상태	소렴

길		길이	141
		화장	118(25.5+29+37+26.5)
		뒤품	52
소매		진동	29
		소매 너비	41
		수구	23
	고대		18.5
깃		깃 총길이	93
		깃 너비	10.5
		겉깃 길이	40
		안깃 길이	36.5
		동정	탈락
섶		겉섶 너비(上/下)	19 / 48
		겉섶 길이(內/外)	121.5 / 110.5
		안섶 너비(上/下)	4.5 / 23.5
		안섶 길이(內/外)	114.5(34.5+79.5) / 111.5(27 쪽이음)
앞무		너비(上/下)	0 / 27.5
		길이(內/外)	110 / 109
이 엽 삼		어깨바대[뒤]	너비 上52, 下37 / 높이 25
	직사각형	너비(上/下)	16 / 16.5
		길이(內/外)	113 / 113
	뒷무	너비(上/下)	6 / 33
		길이(內/外)	113 / 113
도련		뒷길 / 겉섶 / 안섶	83.5 / 107 / 84
		고름 흔적	겉고름 2 / 안고름 1.7
비고			

홑바지

No.12113

구성	홑
소재	삼베
옷감 너비	34
염습 상태	소렴

구분			치수
총길이(말기 포함)			105
바지 길이			88.5
허리 말기	둘레(½)		57
	너비		15.5
바지 통	둔부(¼)		45
	부리		28.5(앞 24+4.5/ 뒤 4.5+15.5+9)
	큰 사폭	길이	外71 / 內87
		너비	上21/ 中22 / 下4.5
	작은 사폭	길이	外 69 / 內 67.5
		너비	上19.5 / 下4.5
밑위 길이			25.5
밑아래 길이			71
비고	허리 말기 가장자리 변사 사용함.		

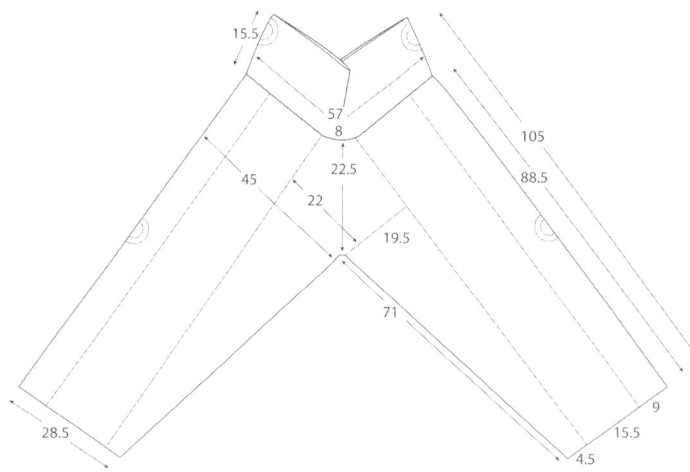

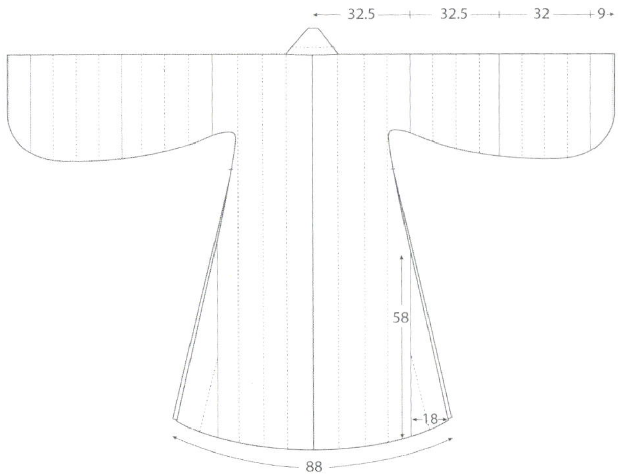

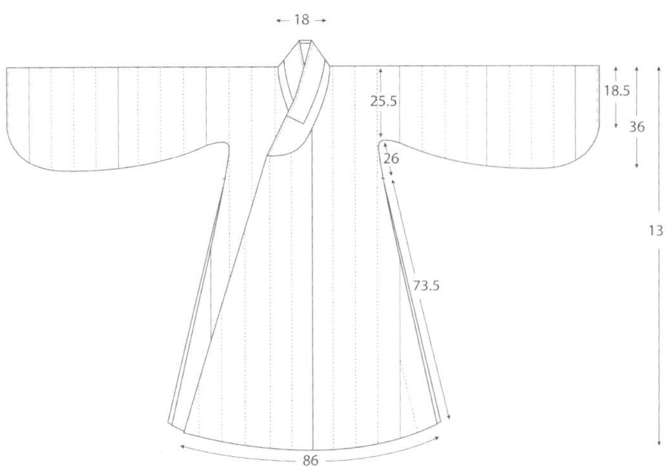

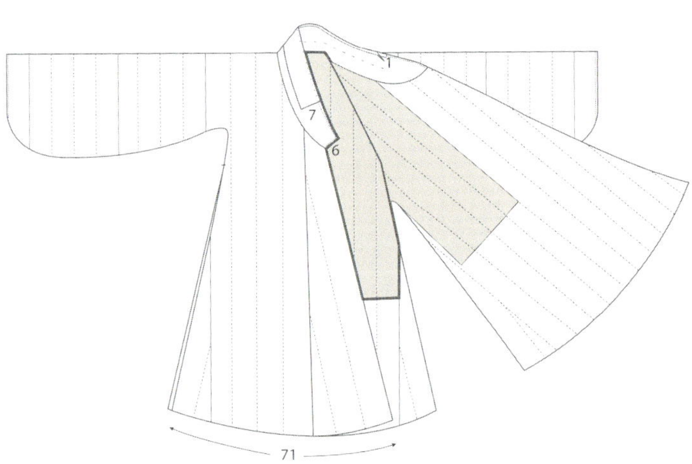

솜누비 중치막

No.12114

구성	솜 누비
소재	명주 / 안감 중심부 면포
옷감 너비	34
염습 상태	소렴

길	길이	131
	화장	106.5(32.5+32.5+32+9.5)
	뒤품	50
소매	진동	25.5
	소매 너비	36
	수구	18.5
고대		18
깃	깃 총길이	91
	깃 너비	10.3
	겉깃 길이	39
	안깃 길이	36
	동정	길이 62 / 너비 7
섶	겉섶 너비(上/下)	17 / 43(13+30)
	겉섶 길이(內/外)	109 / 96.5
	안섶 너비(上/下)	7 / 30
	안섶 길이(內/外)	103.8 / 104
옆선 길이		100
옆트임		73.5(진동점 下26)
도련(곡선)	뒷길 / 겉섶 / 안섶	88 / 86 / 72
누비 간격		8
비고	트임 시작점 부분 ∩ 모양으로 고운 박음질.	

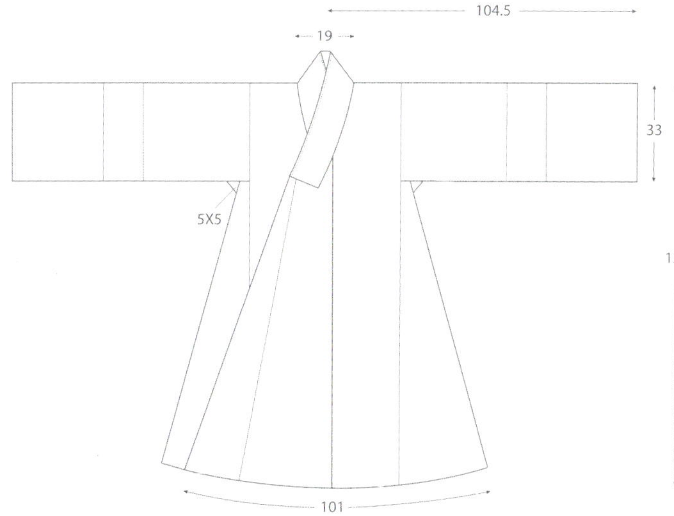

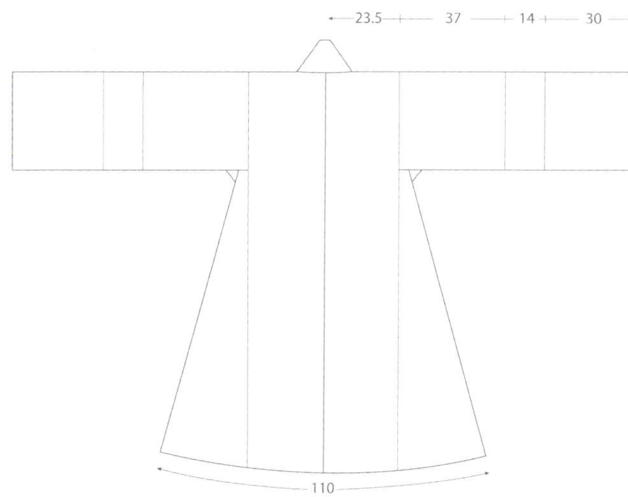

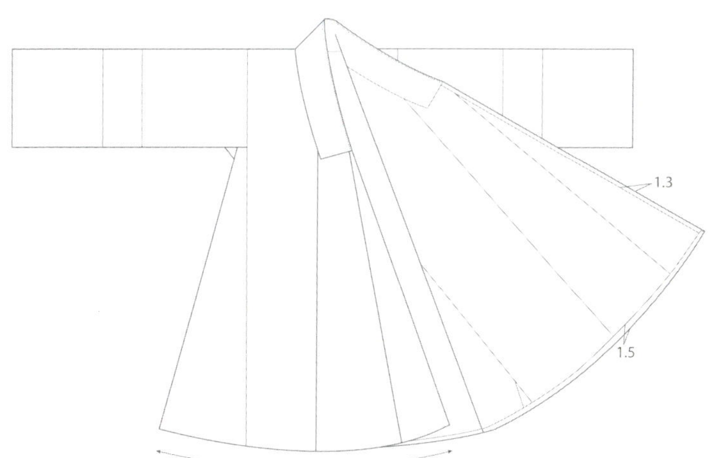

솜 장옷

No.12115

구성	솜
소재	명주
옷감 너비	38
염습 상태	소렴

길	길이	133
	화장	104.5(23.5+37+14+30)
	뒤품	58
소매	진동	33.5
	소매 너비	33
	수구	33
고대		19
깃	깃 총길이	94
	깃 너비	10.5
	겉깃 길이	사선 38 / 직선 37
	안깃 길이	38.5
	동정	탈락
섶	겉섶 너비(上/下)	15 / 46.5(18+28.5)
	겉섶 길이(內/外)	110.5 / 100.5
	안섶 너비(上/下)	12(11+1) /44.5(17+28)
	안섶 길이(內/外)	98 / 99
옆선 길이		93
사각접음삼각무		5 × 5
무	너비(上/下)	4 / 33
	길이(內/外)	100 /98
도련(곡선)	뒷길 / 겉섶 / 안섶	110 / 101 / 100
고름		탈락
비고	겉섶, 도련 선단 별단 처리함.	

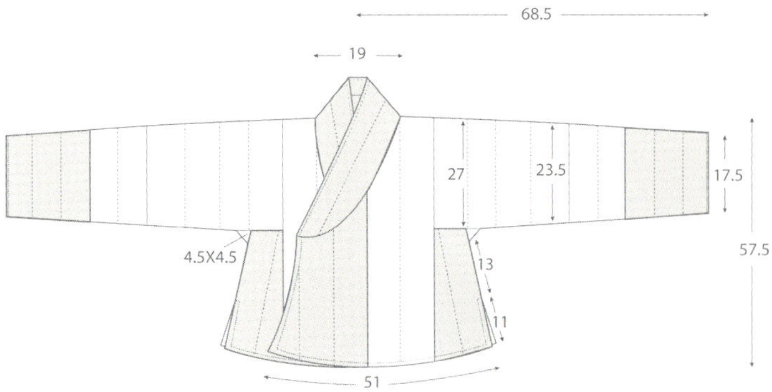

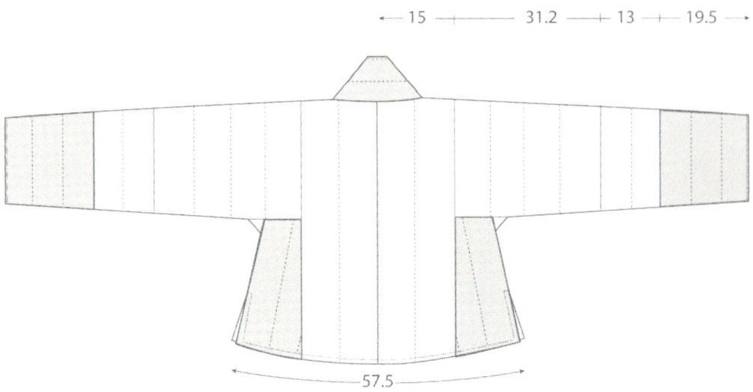

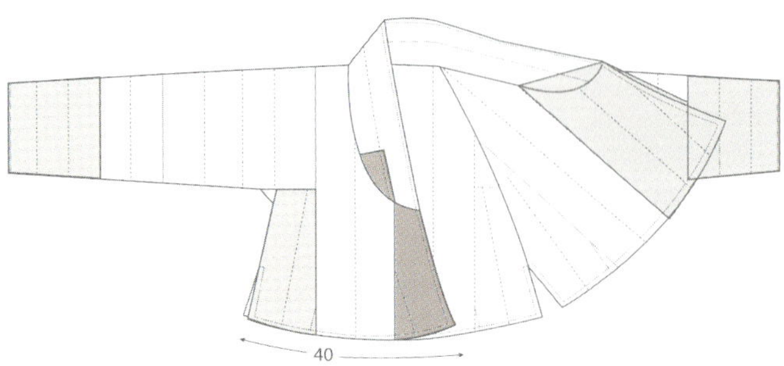

솜누비 저고리

No.12116

구성	솜누비
소재	명주 / 면포
옷감 너비	32
염습 상태	소렴, 보공

구분	항목	치수
길	길이	57.5
	화장	68.5(15+31.5+13+19.5)
	뒤품	49.5
소매	진동	27
	소매 너비	23.5
	수구	17.5
고대		19
깃	깃 총길이	90
	깃 너비	10.2
	겉깃 길이	36.2
	안깃 길이	34
	동정	탈락
섶	겉섶 너비(上/下)	16.5 / 23
	겉섶 길이(內/外)	39.5 / 26.5
	안섶 너비(上/下)	6 / 13.5
	안섶 길이(內/外)	28.5 / 25
옆선 길이		23
사각접음삼각무		4.5 × 4.5
무	너비(上/下)	8 / 15
	길이(內/外)	30 / 28.5
옆트임		11(사각접음삼각무 下13)
누비 간격		7.5
도련(곡선)	뒷길 / 겉섶 / 안섶	57.5 / 51 / 40
고름		탈락
비고	겉깃과 안깃 모두 칼깃 형태임.	

솜누비 바지

No.12117

구성	솜누비
소재	명주 / 명주
옷감 너비	-
염습 상태	소렴

항목			치수
총길이(말기 포함)			105
바지 길이			92
허리 말기	둘레(½)		57
	너비		14
바지 통	둔부(¼)		45
	부리		31(7.5 + 24.5)
	큰 사폭	길이	大89.5 / 小22
		너비	上19 / 中24 / 下17
	작은 사폭	길이	大71 / 小22
		너비	上 23 / 下7.5
밑위 길이			30
밑아래 길이			73
누비 간격			3.7
비고	허리말기와 부리 가장자리 홈질 상침		

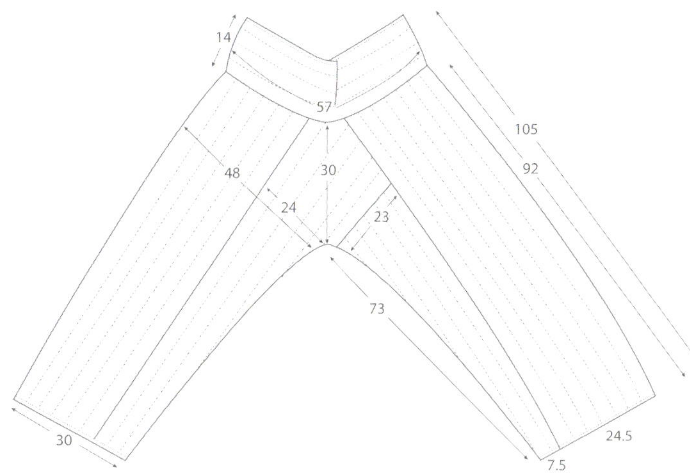

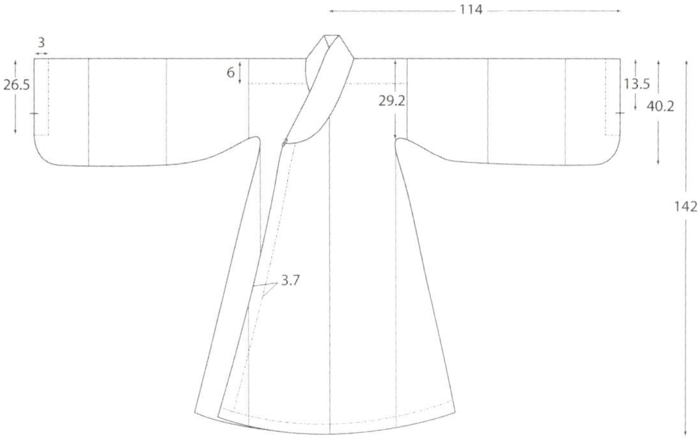

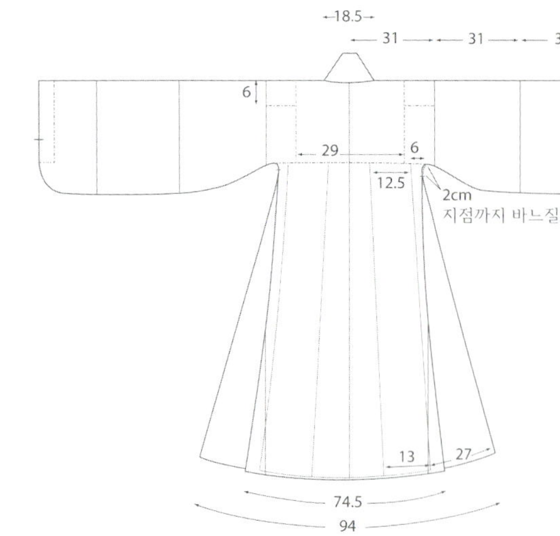

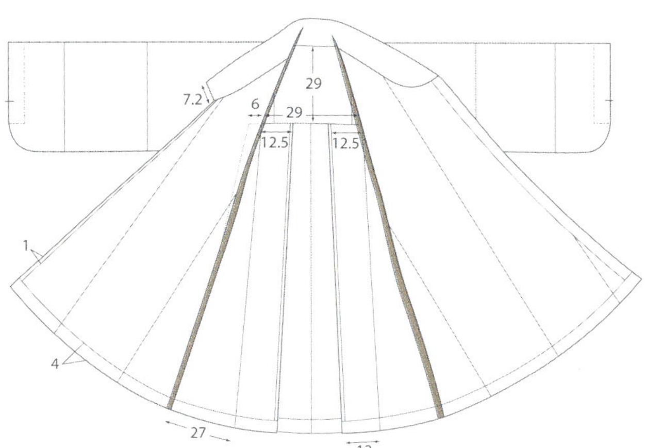

홑 도포

No.12118

구성	홑
소재	삼베
옷감 너비	32
염습 상태	소렴

길		길이	142
		화장	114(31+31+31+21)
		뒤품	51
소매		진동	29.2
		소매 너비	41.5
		수구	13.5
	고대		18.5
깃		깃 총길이	97
		깃 너비	10.5
		겉깃 길이	41.5
		안깃 길이	38
		동정	탈락
섶		겉섶 너비(上/下)	17.5 / 41.5
		겉섶 길이(內/外)	119.5 / 106.5
		안섶 너비(上/下)	2.5 / 24
		안섶 길이(內/外)	106 / 101
앞무		너비(上/下)	0.8 / 21
		길이(內/外)	107 /106
이엽삼	어깨바대[뒤]		너비 29 / 높이 29
	직사각형	너비(上/下)	12.5 / 13
		길이(內/外)	111 / 107
	뒷무	너비(上/下)	6 / 27
		길이(內/外)	107 / 106
도련		뒷길 / 겉섶 / 안섶	74.5 / 93.5/ 75
	고름 너비		겉고름 2.7 / 안고름 1.8
비고	이엽삼 간격 12cm		

소렴금

No.12119

구성	홑
소재	삼베
옷감 너비	32
염습 상태	소렴

길이	239
너비	220
비고	7폭 사용

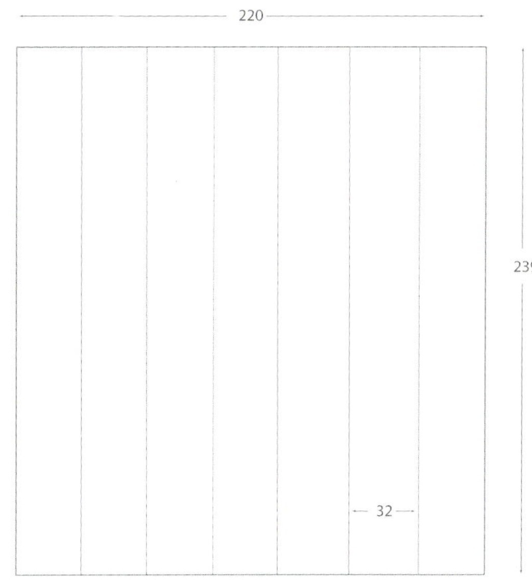

소렴 종대

No.12120

구성	홑
소재	삼베
옷감 너비	26
염습 상태	소렴

길이	492
너비	26
비고	3매

소렴 횡대

No.12121

구성	홑
소재	삼베
옷감 너비	30
염습 상태	소렴

길이	123~183
너비	16, 30
비고	15매

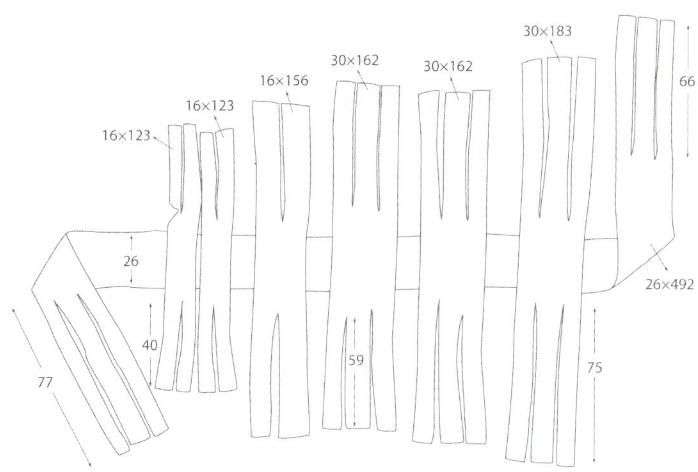

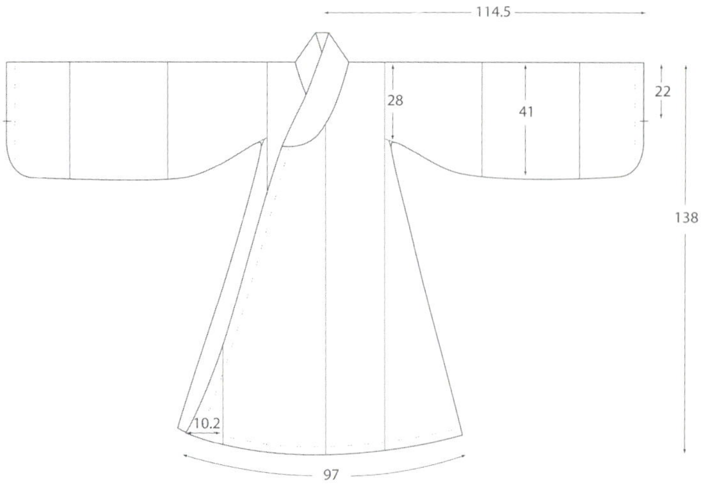

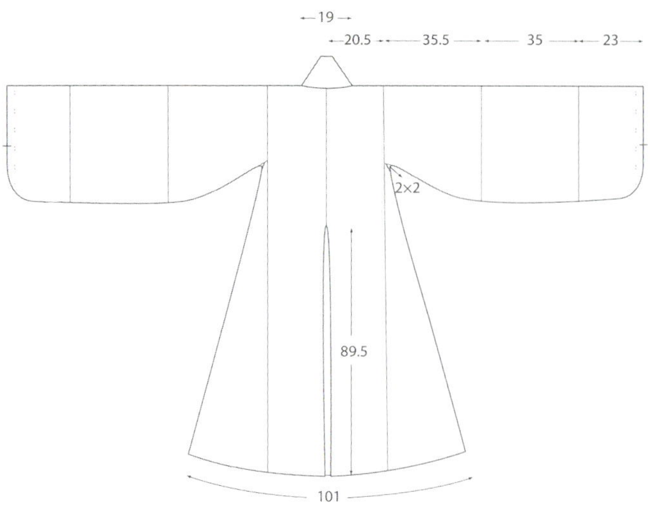

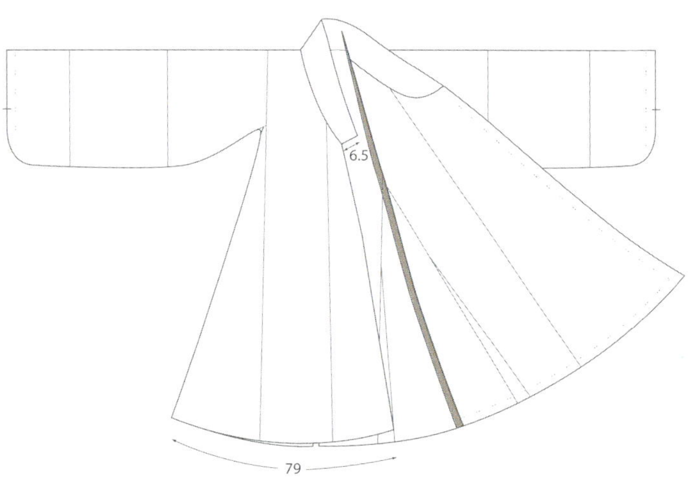

겹 창의

No.12122

구성	겹
소재	명주/명주
옷감 너비	36
염습 상태	대렴

길	길이	138
	화장	114.5(20.5+35.5+35+23)
	뒤품	46
소매	진동	28
	소매 너비	41
	수구	22
	고대	19
깃	깃 총길이	93
	깃 너비	11
	겉깃 길이	39
	안깃 길이	36
	동정	탈락
섶	겉섶 너비(上/下)	17 / 46.5(35.5+10.2)
	겉섶 길이(內/外)	117 / 105
	안섶 너비(上/下)	5.5 / 27.5
	안섶 길이(內/外)	108 / 101
	사각접음삼각무	2 × 2
무	너비(上/下)	1.5 / 29.5
	길이(內/外)	106 / 105.5
도련	뒤트임	89.5(삼각무 下47)
	뒷길 / 겉섶 / 안섶	101 / 97 / 79
	고름	너비 2.5
비고	가장자리 2땀 상침.	

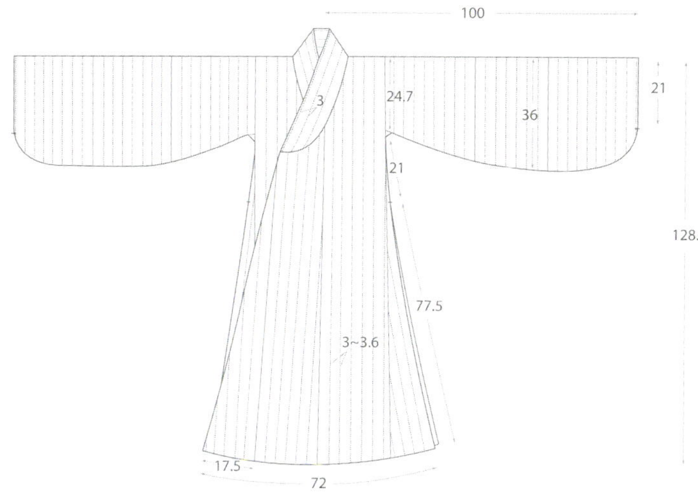

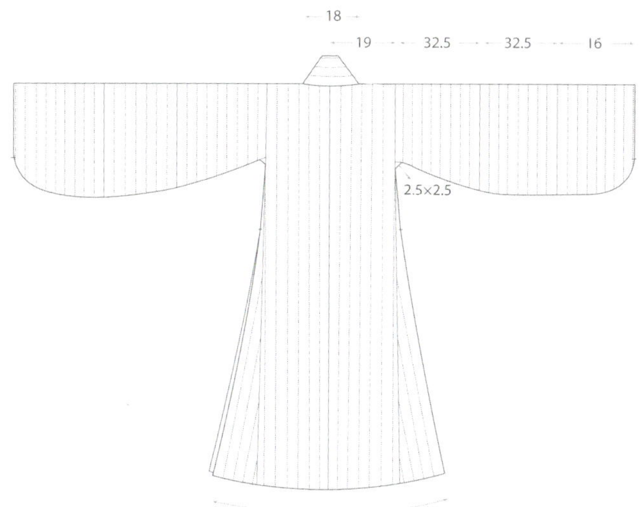

솜누비 중치막

No.12123

구성	솜누비
소재	명주 / 명주
옷감 너비	34
염습 상태	소렴, 대렴

길	길이	128.5
	화장	100(19+32.5+32.5+16)
	뒤품	41
소매	진동	24.7
	소매 너비	36
	수구	21
고대		18
깃	깃 총길이	90
	깃 너비	10
	겉깃 길이	38
	안깃 길이	36
	동정	탈락
섶	겉섶 너비(上/下)	44.5 / 38(20+17.5)
	겉섶 길이(內/外)	105 / 95
	안섶 너비(上/下)	5.8 / 24
	안섶 길이(內/外)	101.5 / 92
사각접음삼각무		2.5 × 2.5
무	너비(上/下)	0.5 / 15
	길이(內/外)	99 / 98.5
옆트임		77.5(삼각무 下21)
누비 간격		3~3.6
도련	뒷길 / 겉섶 / 안섶	70 / 72 / 60
고름		탈락
비고	겉섶과 도련의 별단 1.2cm	

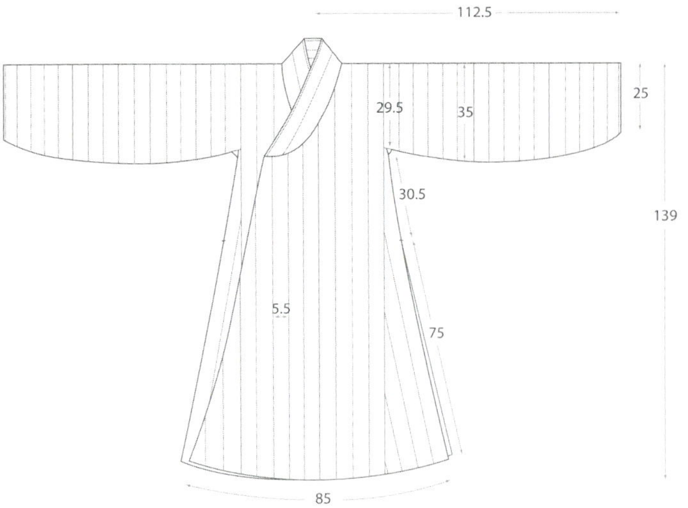

솜누비 중치막

No.12124

구성	솜누비
소재	명주 / 명주
겉감 너비	34
염습 상태	대렴

구분	항목	값
길	길이	139
	화장	112.5(31+32+32.5+19)
	뒤품	53
소매	진동	29.5
	소매 너비	35
	수구	25
깃	고대	22
	깃 총길이	98
	깃 너비	10
	겉깃 길이	41
	안깃 길이	40
	동정	탈락(너비 7.5)
섶	겉섶 너비(上/下)	18.7 / 42
	겉섶 길이(內/外)	117.5 / 102
	안섶 너비(上/下)	7 / 26.5
	안섶 길이(內/外)	110.5 / 99.5
무	사각접음삼각무	2.5 × 2.5
	너비(上/下)	1.5 / 22.5
	길이(內/外)	106.5 / 106.5
	옆트임	75(삼각무 下30.5)
	누비 간격	5.5
도련	뒷길 / 겉섶 / 안섶	91 / 85 / 70
	고름	탈락
비고	안깃에 동정 옷감 조각 남아 있음.	

겹 도포

No.12125

구성	겹
소재	명주 / 명주
옷감 너비	34
염습 상태	대렴

구분	항목	세부	치수
길	길이		144
	화장		121(32+32.5+32.5+24)
	뒤품		55
소매	진동		30.5
	소매 너비		46
	수구		25
고대			19.5
깃	깃 총길이		100
	깃 너비		10.2
	겉깃 길이		43
	안깃 길이		40
	동정		-
섶	겉섶 너비(上/下)		19 / 43(31.5+11.5)
	겉섶 길이(內/外)		125.5 / 112
	안섶 너비(上/下)		7 / 28.5
	안섶 길이(內/外)		114.5 / 106.5
옆선 길이			114
앞무	너비(上/下)		0 / 26.5
	길이(內/外)		108 / 109
이 엽 삼	이엽삼 부착선		고대점 下31
	사각형	너비(上/下)	21 / 18.5
		길이(內/外)	111 / 111
	뒷무	너비(上/下)	5 / 31
		길이(內/外)	111 / 114
도련	뒷길 / 겉섶 / 안섶		81 / 100 / -
고름			너비 2.5
비고	진동점에서 2.5cm 내려와서 무 부착.		

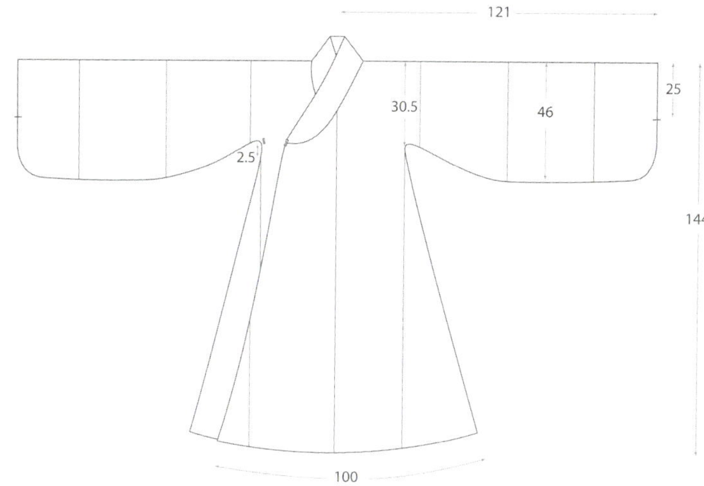

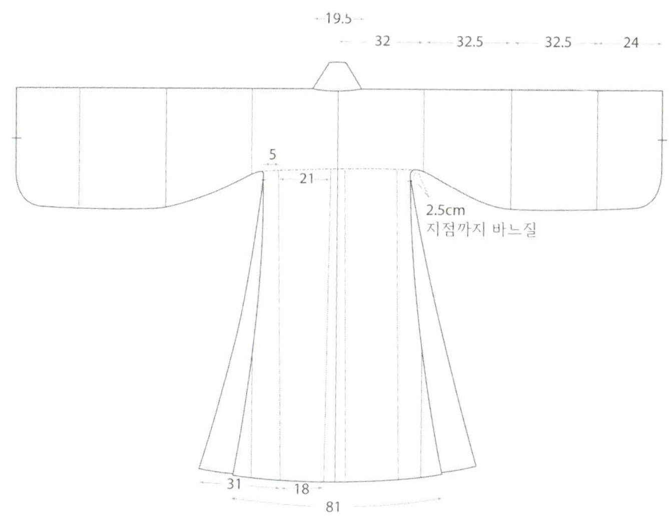

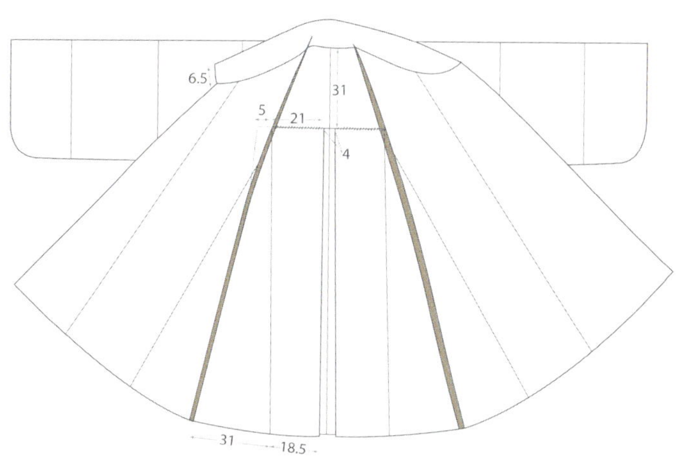

대렴금

No.12126

구성	솜
소재	무명, 화조 문단 / 면포
옷감 너비	32
염습 상태	대렴

길이	216
너비	190
비고	동정, 깃, 길 모두 있음 솜 두께 1.5

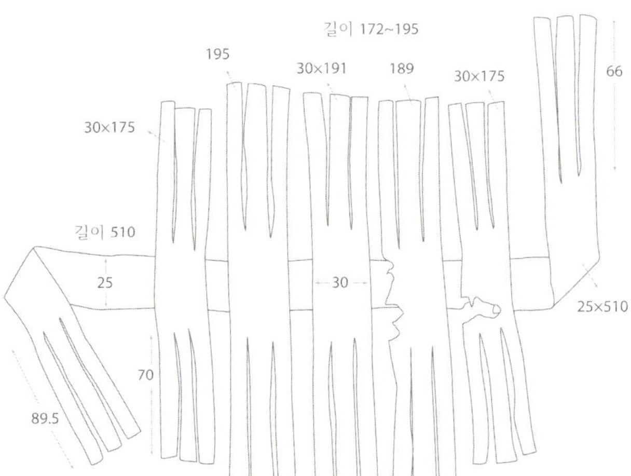

대렴 종대

No.12127

구성	홑
소재	삼베
옷감 너비	25
염습 상태	대렴

길이	510
너비	25
비고	

대렴 횡대

No.12128

구성	홑
소재	삼베
옷감 너비	30
염습 상태	대렴

길이	172~195
너비	30
비고	15매

낭

No.12129. No.12130. No.12131

구성	홑
소재	명주
옷감 너비	-
염습 상태	보공

길이	3,~3.5
너비	2.2~3
비고	좌수, 좌족, 우족

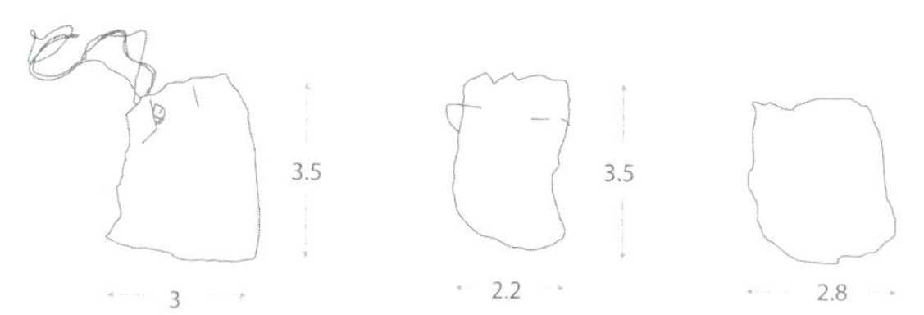

낙아

No.12132~No.12136

구성	
소재	명주
옷감 너비	-
염습 상태	보공

길이	16~18.8
너비	8~15.5
비고	낙치(落齒)와 낙치를 싼 종이

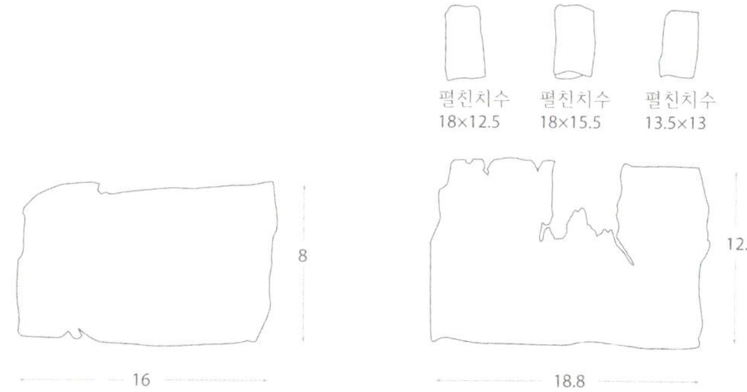

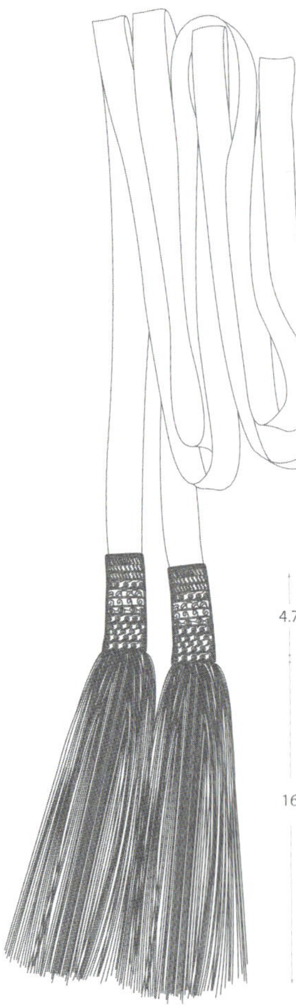

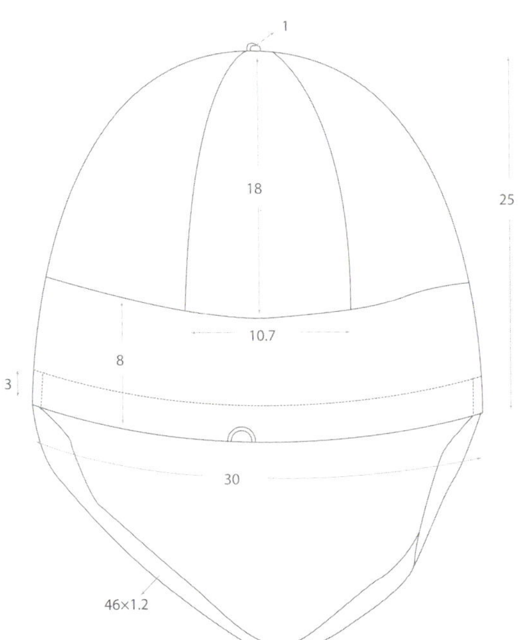

광다회

No.12137

구성	끈목
소재	견사
염습 상태	보공

길이	295
너비	1.7
술 길이	16
망 길이	4.7
비고	

소모자

No.12138

구성	솜
소재	면포, 솜, 풀솜
염습 상태	보공

길이		25
너비		60
윤대 너비		8
끈	길이	46
	너비	1.2
비고	정수리에 연봉 매듭 솜 두께 약 2cm	

홑바지

No.12139

구성	홑
소재	면포
옷감 너비	35
염습 상태	보공

구분			치수
총길이(말기 포함)			104
바지 길이			88.5
허리 말기	둘레(½)		52
	너비		15.5
바지 통	둔부(¼)		46
	부리		26.5 (앞 1.5+25 / 뒤 1.5+16+9)
	큰 사폭	길이	外71 / 內87.5
		너비	上23.5 / 中25.5 / 下1.5
	작은 사폭	길이	外67 / 內64.5
		너비	上22 / 下2
밑위 길이			32.5
밑아래 길이			70
비고			

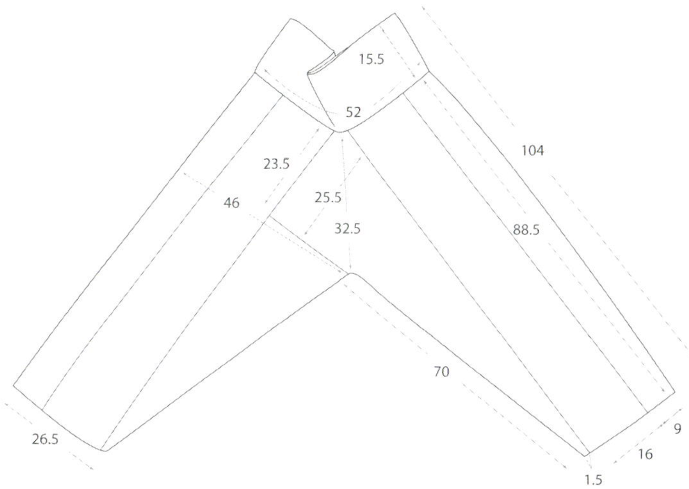

겹바지

No.12140

구성	겹
소재	면포
옷감 너비	
염습 상태	보공

구분			치수
총길이(말기 포함)			104.5
바지 길이			90.5
허리 말기	둘레(½)		110
	너비		14
바지 통	둔부(¼)		48
	부리		28
	큰 사폭	길이	外48 / 內58.5
		너비	上16.5 / 下0
	작은 사폭	길이	外45 / 內42
		너비	上15 / 下0
밑위 길이			33
밑아래 길이			66.5
비고	부리에서 21cm 올라온 지점에 사폭을 부착함.		

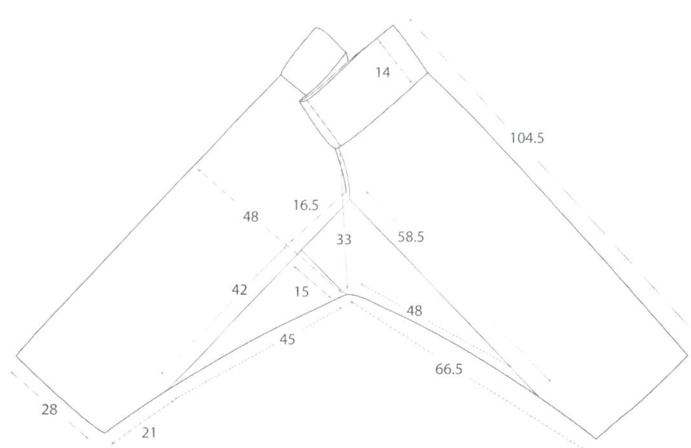

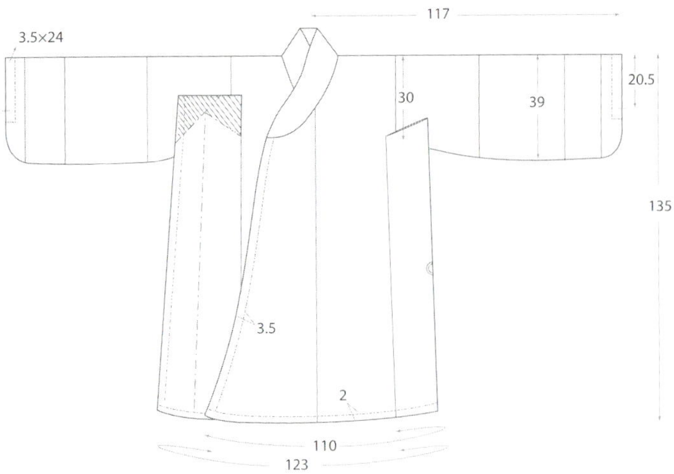

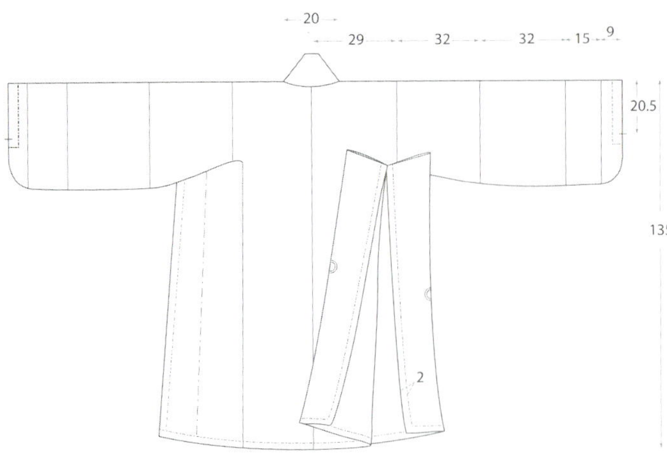

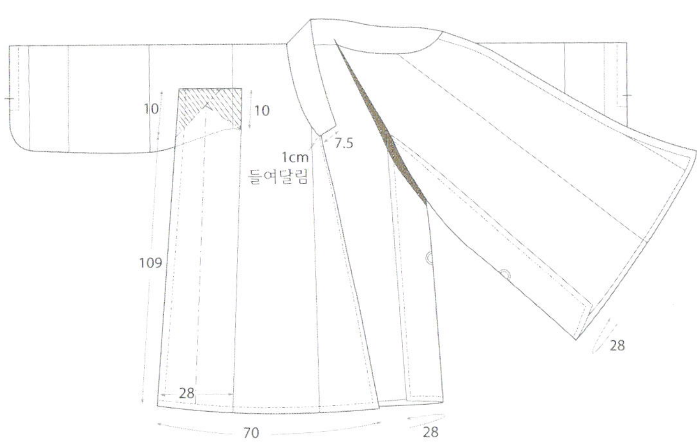

홑 직령

No.12141

구성	홑
소재	삼베
옷감 너비	33
염습 상태	보공

길	길이	135
	화장	117(29+32+32+15+9)
	뒤품	55
소매	진동	30
	소매 너비	41.5
	수구	20.5
고대		20
깃	깃 총길이	94.5
	깃 너비	10.5
	겉깃 길이	40
	안깃 길이	36.5
	동정	-
섶	겉섶 너비(上/下)	19 / 40
	겉섶 길이(內/外)	115.7 / 104
	안섶 너비(上/下)	4 / 22
	안섶 길이(內/外)	105 / 101
옆선 길이		101
무	너비(上/下)	28 / 30
	길이(內/外)	112 / 109
도련	뒷길 / 겉섶 / 안섶	123 / 110 / 70
고름		탈락
비고		

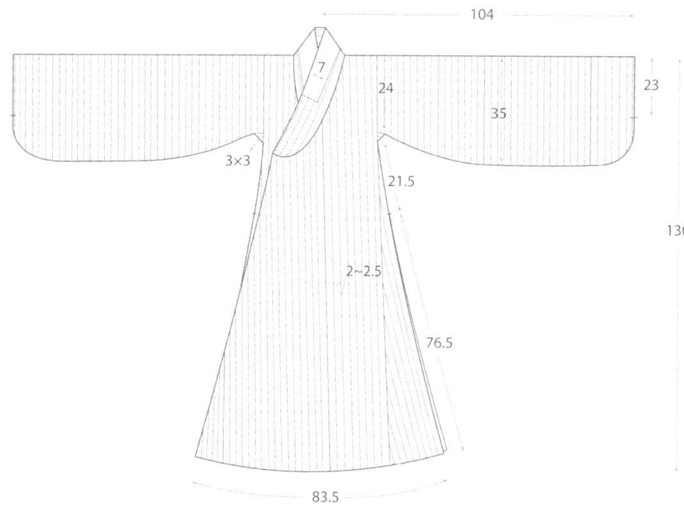

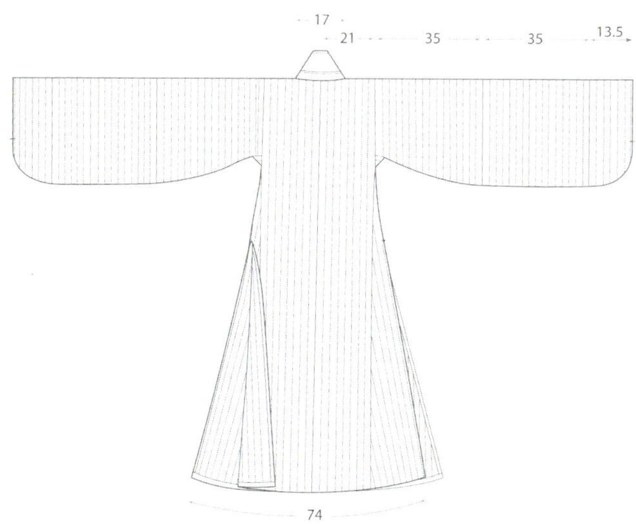

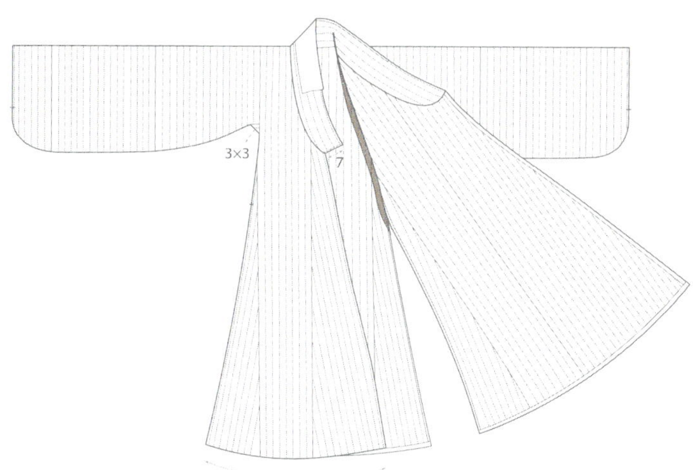

솜누비 중치막

No.12142

구성	솜누비
소재	명수 / 명주
옷감 너비	36
염습 상태	보공

길	길이	130
	화장	104(21+35+35+13.5)
	뒤품	37
소매	진동	24
	소매 너비	35
	수구	23
고대		17
깃	깃 총길이	92
	깃 너비	10
	겉깃 길이	40.5
	안깃 길이	34.5
	동정	길이 51.5 /너비 7
섶	겉섶 너비(上/下)	16.2 / 46(34.5+11)
	겉섶 길이(內/外)	111 / 98
	안섶 너비(上/下)	5 /25
	안섶 길이(內/外)	109.5 / 96.5
사각접음삼각무		3 × 3
무	너비(上/下)	0 /19
	길이(內/外)	100 / 98.5
옆트임		76.5(삼각무 下21.5)
누비 간격		2.2~2.5
도련(곡선)	뒷길 / 겉섶 / 안섶	74 / 83.5 / 60
고름		탈락
비고		

솜바지

No.12143

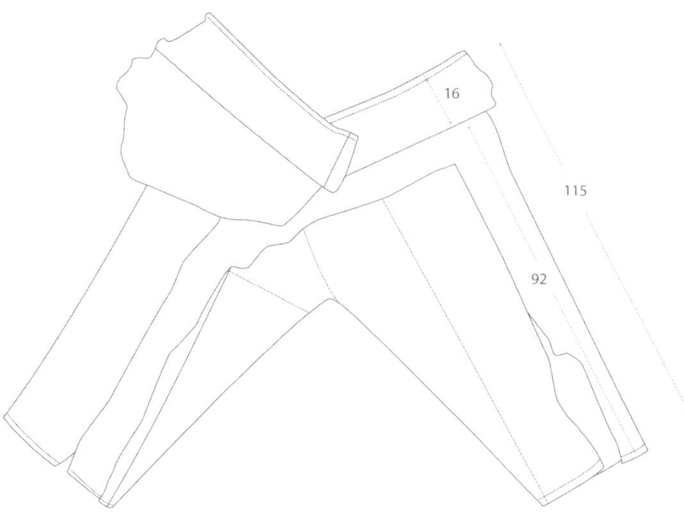

구성	솜
소재	무명 / 무명
옷감 너비	-
염습 상태	보공

총길이(말기 포함)		115
바지 길이		92
허리 말기	둘레	-
	너비	16

솜누비 중치막

No.12144

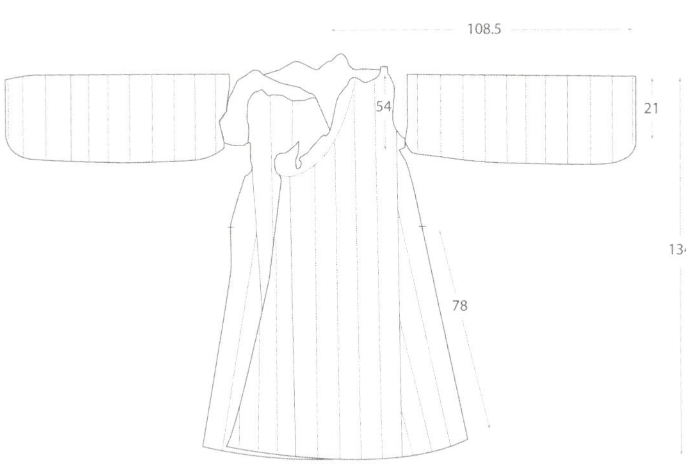

구성	솜누비
소재	명주 / 명주
옷감 너비	
염습 상태	보공

길	길이	134
	화장	108.5
	뒤품	54
소매	진동	28
	소매 너비	32.5
	수구	21
트임		78(옆트임)
비고	반파됨.	

겹 중치막

No.12145

구성	겹
소재	무명
옷감 너비	33
염습 상태	보공

구분	항목	치수
길	길이	127
	화장	101(23+31+32+15)
	뒤품	50
소매	진동	28
	소매 너비	34.8
	수구	19
고대		18.5
깃	깃 총길이	93
	깃 너비	10.5
	겉깃 길이	39
	안깃 길이	37
	동정	탈락
섶	겉섶 너비(上/下)	19 / 39(30+9)
	겉섶 길이(內/外)	106.5 / 94
	안섶 너비(上/下)	5.5 / 24.7
	안섶 길이(內/外)	97.5 / 89
무	사각접음삼각무	3 × 3
	너비(上/下)	0.8 / 23.5
	길이(內/外)	98 / 95.5
옆트임		63(삼각무 下30)
도련	뒷길 / 겉섶 / 안섶	94 / 88 / 70
고름 너비		겉고름 2.2 / 안고름 1.8
비고	가장자리 박음질 상침.	

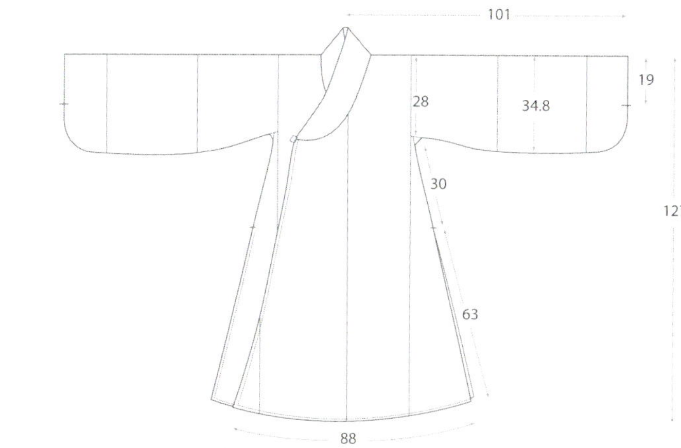

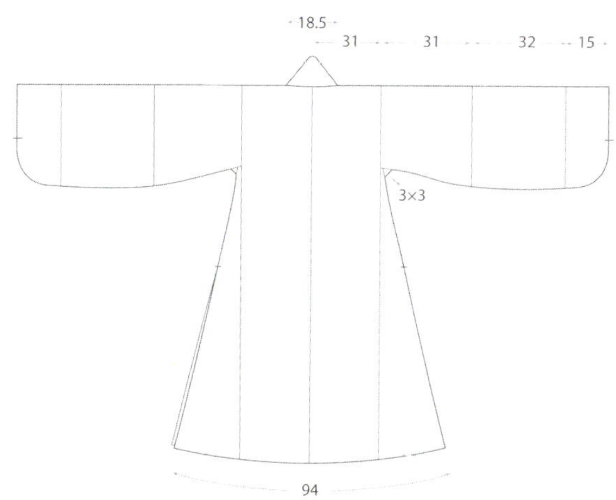

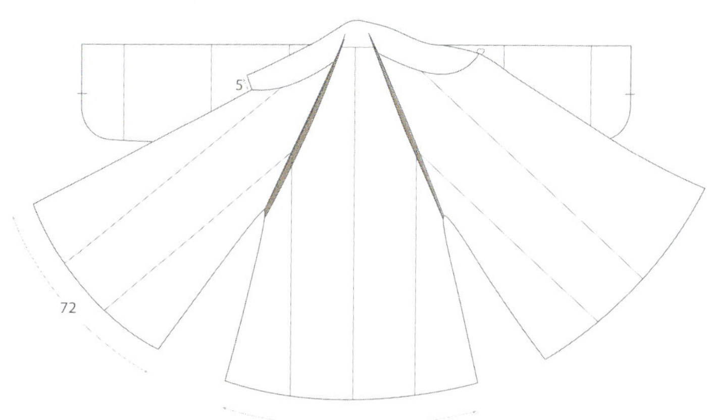

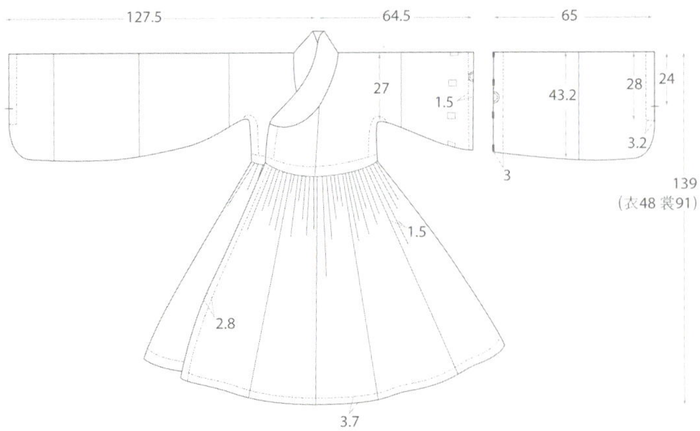

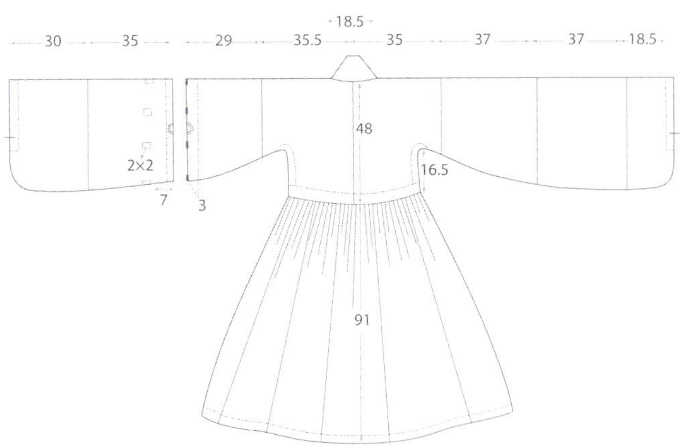

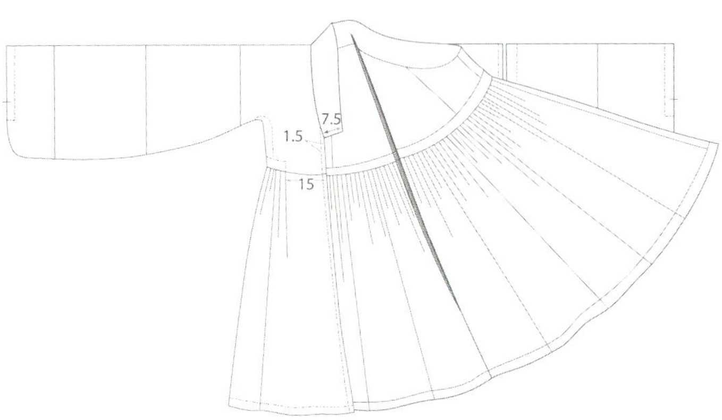

홑 철릭

No.12146

구성	홑
소재	모시
옷감 너비	38
염습 상태	보공

구분	항목	치수
길	길이	139(衣48 +裳91)
	화장	右_127.5 (35+37+37+18.5) 左_64.5 (35.5+29) +65(35+30)
	뒤품	54
소매	진동	27
	소매 너비	43.5
	수구	24
	고대	18.5
깃	깃 총길이	95
	깃 너비	10
	겉깃 길이	41.5
	안깃 길이	34
	동정 너비	탈락
섶	겉섶 너비(上/下)	19 / 19.5
	겉섶 길이(內/外)	29.5 / 16
	안섶 너비(上/下)	없음
	안섶 길이(內/外)	
	겨드랑 밑 길이	16.5
裳	폭 수 / 1폭 너비	11(396cm) / 36
	겉섶쪽 너비	4폭 반
	안섶쪽 너비	1폭 반
	뒤쪽 너비	5폭
	주름 너비	겉 1.5 / 안 1.8~2
	주름 특징	외주름(左向)
	고름(2쌍고름)	너비 2.2
비고		어깨, 겨드랑, 허리, 섶 바대 있음. 겉섶, 수구, 도련 선단 제물단.

겹창의

No.12147

구성	겹
소재	명주 / 명주
옷감 너비	36
염습 상태	보공

구분	항목	치수
길	길이	135
	화장	106.5(22+34.5+34+16)
	뒤품	50
소매	진동	30
	소매 너비	38
	수구	22.5
고대		17.5
깃	깃 총길이	96
	깃 너비	10.5
	겉깃 길이	40.5
	안깃 길이	39
	동정	탈락
섶	겉섶 너비(上/下)	16.5 / 48
	겉섶 길이(內/外)	110 / 100
	안섶 너비(上/下)	7 / 35
	안섶 길이(內/外)	102 / 94
사각접음삼각무		3 × 3
무	너비(上/下)	0.5 / 18.5
	길이(內/外)	105 / 103
도련	뒤트임	77(고대 중심 下58)
	뒷길 / 겉섶 / 안섶	102 / 98 / 90
	고름	탈락
비고	가장자리 2땀 상침.	

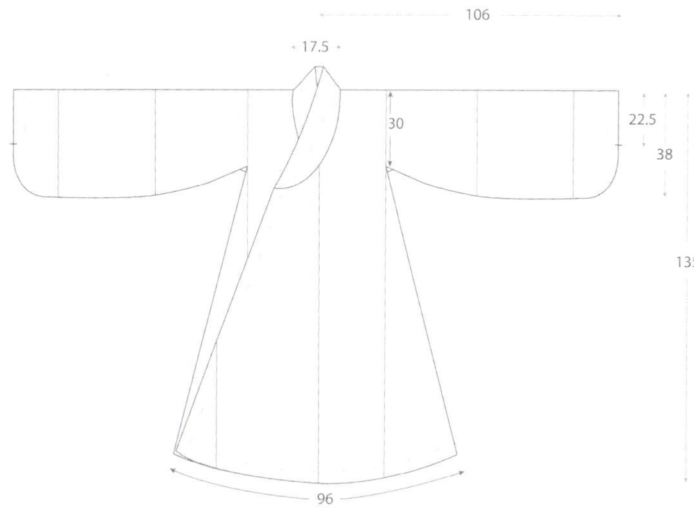

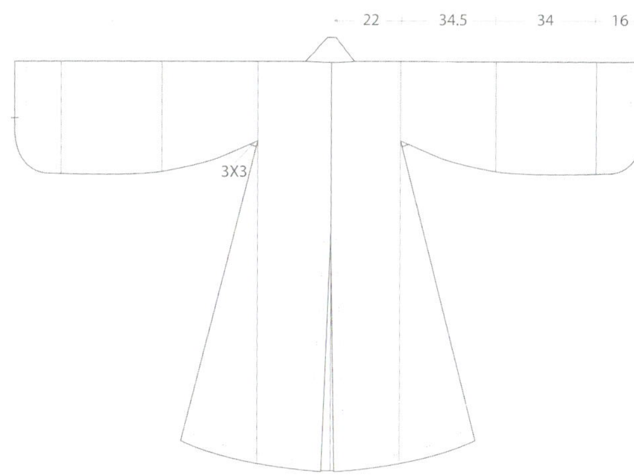

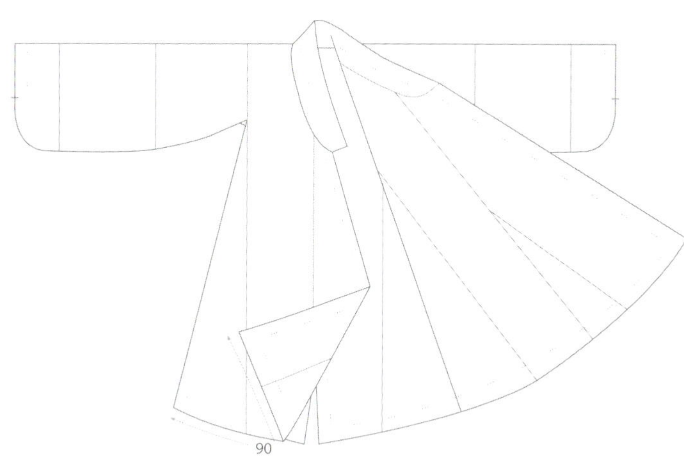

베개 No.12148

구성	솜(베개) / 홑(베갯잇)
소재	연화문단(베개) / 명주(베갯잇)
염습 상태	치관제구

베개	가로	32
	세로	15
베갯잇 가로		32.5
비고		면실로 성글게 꿰매 바느질함

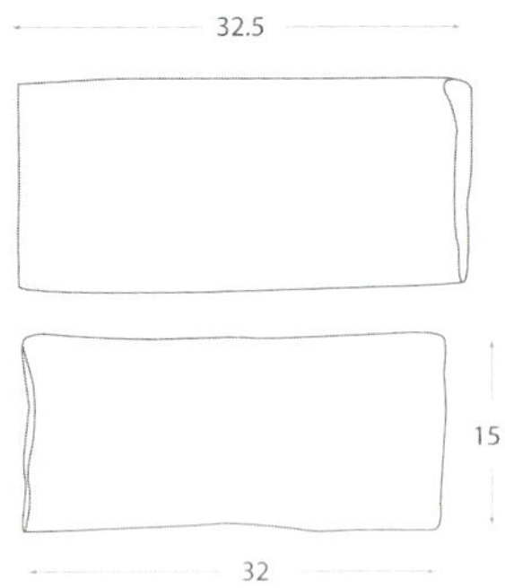

초석 No.12149

구성	홑
소재	草 / (선단) 명주
염습 상태	보공

길이	154
너비(上/下)	39 / 32
선단 너비	2
비고	

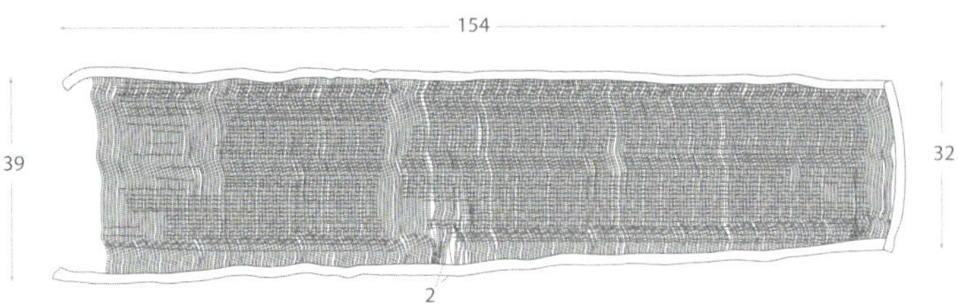

지요 No.12150

구성	솜
소재 (겉/안)	명주 / 무명
옷감 너비	33
염습 상태	보공

길이	166
너비(上/下)	40 / 32.5
비고	

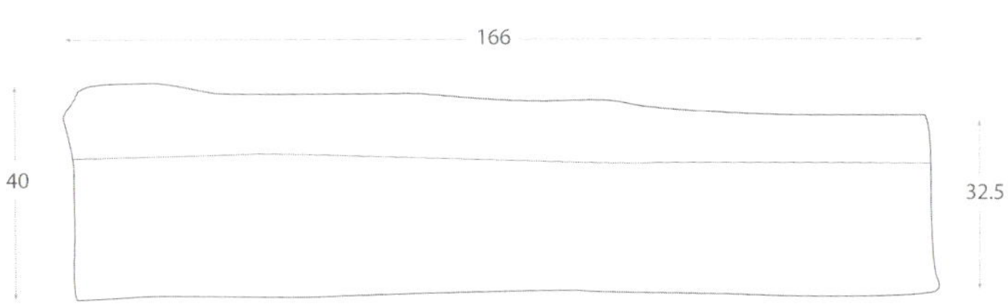

관내의 No.12151

구성	홑
소재	명주
옷감 너비	30
염습 상태	치관제구

길이	170.5
너비(上/下)	上30 / 下24
비고	

구의

No.12152

구성	홑
소재 (겉/안)	화문능
옷감 너비	55
염습 상태	치관제구

길이	190
너비(上/下)	上54 / 下48
높이	50
비고	

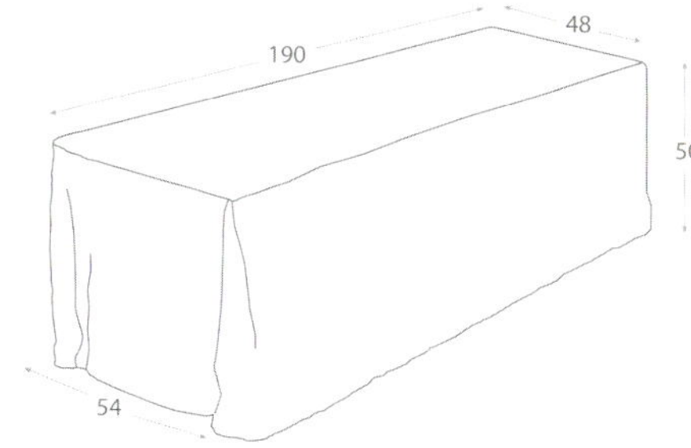

명정

No.12153

구성	홑
소재	초
옷감 너비	56
염습 상태	치관제구

길이	223
너비	56
비고	宣務郎軍資監主簿成公之 柩 (선무랑군자감주부성공 지구) 한 폭을 그대로 사용함

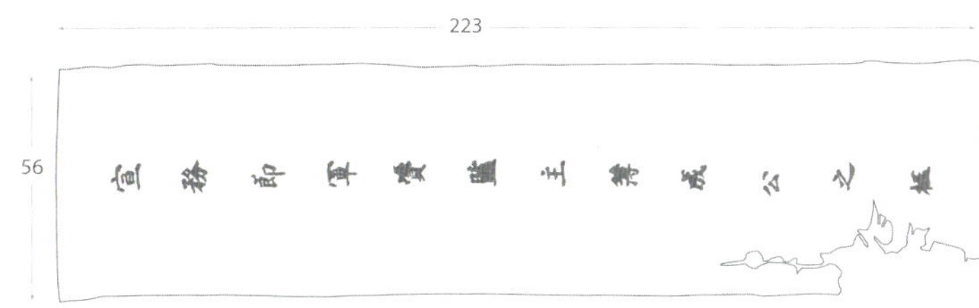

현, 훈

No.12154 / No.12155

구성	홑
소재	명주
옷감 너비	33
염습 상태	치관제구

현	길이	388, 399
	폭	33
비고	짙은 갈색: 현 / 연한 갈색: 훈	

삽

No.12156

구성	-
소재	나무
옷감 너비	-
염습 상태	치관제구

높이	46
너비	37

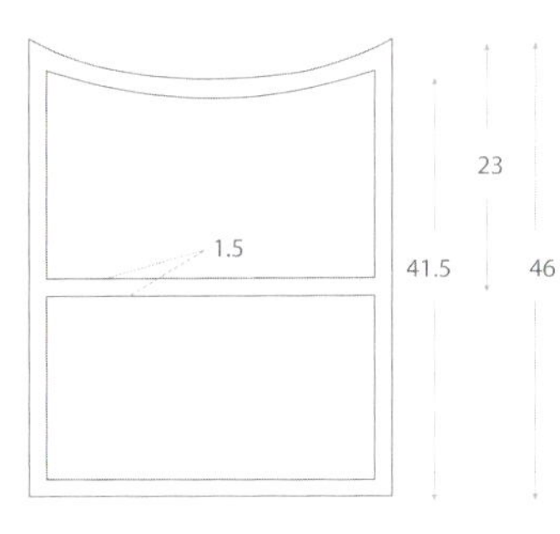

창녕성씨 성급부부 합장묘 출토복식

昌寧成氏 成汲 出土服飾

유물 기증 | 창녕성씨 부정공파 종중

기획 총괄 | 박경식
전시 기획 | 이명은, 채정민

행정 지원 | 조한석, 이지영
전시 진행 | 이명은, 채정민, 오호석, 기수연, 안혜민, 한광순
보조 진행 | 차미희, 박영애, 박양희, 김영숙, 김미정, 박민주,
김은주, 김나윤, 김이숙, 권은주, 신경희

글 | 이명은, 오호석, 박진영, 황진영
영문번역 | 노희승 Angela H.s. Noh
일러스트 | 김주영, 황진영
디 자 인 | 디자이너운 Designer Woon

자 문 | 김기석(단국대학교치과대학)
박진영(동림매듭공방)
성기환(창녕성씨 종중)
이은진(경상국립대학교)
사 진 | 서헌강사진연구소

펴 낸 이 | 김수복
기 획 | 김남필
제 작 | 성두현
마 케 팅 | 김민배

엮 은 곳 | 단국대학교석주선기념박물관
전화 | 031) 8005-2390 팩스 | 031) 8021-7157
펴 낸 곳 | 단국대학교출판부
등록 | 1968. 2. 27: No. 제03-00095호
주소 | 경기도 용인시 수지구 죽전로 152
전화 | 031) 8005-2404 팩스 | 031) 8021-7154

2021년 5월 10일 인쇄
2021년 5월 14일 발행

[값 32,000원]

Published by Dankook University Press

Printed in Korea

ISBN 978-89-7092-769-5 94380
ISBN 978-89-7092-418-2 (세트)